Père Pierre-Yves MICHEL

LE GUIDE
des parrains et marraines

EDIFA - MAME

Imprimatur : Paris, le 28 novembre 2005, M. Vidal, v.é.
Nihil obstat : Paris, le 28 novembre 2005, M. Dupuy
Conception et réalisation graphique : Florence Vandermarlière.
ISBN Edifa : 978-2-9145-8045-8
ISBN Mame : 978-2-7289-1183-7

À Albert et Chantal, mon parrain et ma marraine,
À mes filleules, Albane et Céline-Marie,
À mes filleuls de confirmation,
Alban, Guillaume, Jérôme, Ludovic
Olivier et Pierre.

Introduction

Vous venez de recevoir la demande de devenir le parrain ou la marraine d'un enfant ou d'un adulte qui va bientôt recevoir le baptême.

Vous souhaitez faire baptiser votre enfant ou vous allez vous-même être baptisé et vous réfléchissez au choix des parrain et marraine.

Ce livre est pour vous !

Il vous aidera à faire le point sur les questions concernant le parrainage, aujourd'hui et dans la Tradition de l'Église, sur le baptême et sur la foi de l'Église quand elle célèbre ce sacrement.

Choisir un parrain et une marraine est une décision importante qu'il convient de mûrir et d'éclairer. Être sollicité comme parrain ou marraine et accepter de le devenir demeure porteur de sens : un lien particulier se crée entre les parrains et marraines d'un côté et leurs filleuls de l'autre.

En outre, dans le contexte actuel où l'affaiblissement de la pratique religieuse rend l'identité chrétienne plus floue, la notion de parrainage mérite d'être expliquée et recentrée par rapport au baptême lui-même, ce sacrement si important qu'il est célébré, dans le cas de baptêmes d'adultes, lors de la plus grande fête chrétienne : la nuit de Pâques.

Dans une première partie, nous verrons quels sont les fondements de l'institution du parrainage. Est-elle une coutume héritée du passé, se perpétuant aujourd'hui de manière un peu folklorique, ou possède-t-elle un caractère plus profond, intrinsèquement lié à ce que représente le baptême dans la foi chrétienne ? Nous essaierons de répondre à ces questions en considérant aussi bien le baptême des adultes que celui des tout-petits ou des jeunes en âge scolaire.

Dans une deuxième partie, nous cheminerons au fil de la célébration du baptême pour en comprendre les signes et la façon dont ils éclairent le rôle des parrains et marraines dans la célébration. Comment cela va-t-il se passer concrètement ?

Enfin, nous élargirons nos horizons pour considérer la façon dont peut se déployer dans le temps cette responsabilité de parrain et marraine. Car nous sentons bien qu'il ne s'agit pas d'un événement ponctuel. D'abord parce que le baptême sera suivi des autres sacrements de l'initiation, confirmation et eucharistie, mais aussi parce qu'il est la porte d'entrée de toute la vie chrétienne.

Que vous soyez déjà bien engagé dans la foi ou que vous soyez dans le temps des questionnements, nous vous souhaitons de trouver ici les repères nécessaires pour choisir un parrain ou une marraine, ou le devenir vous-même en pleine conscience.

Quel beau service que celui-ci ! Il est au cœur de la foi chrétienne. Et il vivifiera vos relations, votre manière de croire, de témoigner et de prier !

Bonne lecture !

Le parrain et la marraine sont auprès de leur filleul des témoins de la foi et le conduisent à Jésus.

PARRAINS ET MARRAINES, HIER ET AUJOURD'HUI

Les origines du parrainage

Bien avant qu'on les appelle « parrains » ou « marraines », des membres de la communauté chrétienne ont accompagné les candidats au baptême dans leur démarche. De façon naturelle, comme cela se passe à chaque fois qu'un nouveau venu entre dans une famille ou un groupe, ces accompagnateurs présentaient le futur baptisé à la communauté, le soutenaient, le « coachaient » dirait-on dans notre langage actuel. Cette pratique met en évidence les deux aspects complémentaires et indissociables du rôle des parrains et marraines aujourd'hui. En tant que membres de l'Église ils sont auprès de leur « filleul » témoins de la foi en Jésus Christ et, grâce au lien particulier qui les unit à celui qui demande le baptême, ils sont, auprès de l'Église, garants du sérieux de celui qui s'y prépare.

Parrainage

Ce mot n'appartient pas seulement au vocabulaire religieux. On parle par exemple du parrainage d'une cause humanitaire, du parrainage d'enfants en difficulté pour les soutenir et les aider économiquement, scolairement ou affectivement, ou encore du parrainage d'une personne pour l'introduire dans un club ou une association. Ces différentes situations sont à l'image du parrainage chrétien : elles supposent de soutenir celui que l'on parraine, d'être le témoin d'une cause à défendre ou de se porter garant d'un candidat.

Dans l'Évangile, les exemples de personnes qui accompagnent vers Jésus d'autres hommes sont nombreux.

Ce que nous dit le Nouveau Testament

Même si on ne trouve pas dans les Évangiles ni dans les Actes des Apôtres des situations de parrainage analogues à celles que nous connaissons aujourd'hui, les exemples de personnes qui accompagnent vers Jésus d'autres hommes sont nombreux. C'est le cas d'André qui conduit son frère Simon – le futur saint Pierre ! – à Jésus (Jean 1, 41). C'est aussi le cas de Philippe qui, à la demande de quelques Grecs – « Nous voulons voir Jésus ! » –, en parle aussitôt à André et s'en va avec lui trouver Jésus (Jean 12, 20-22).

Une scène de l'Évangile est particulièrement évocatrice de ces médiations nécessaires (Luc 5, 17-26). Un jour, Jésus se trouve dans une maison où il enseigne ; la foule est si dense que nul ne peut approcher. Pour conduire jusqu'à lui un homme paralysé, des gens vont jusqu'à monter sur le toit de la maison. Ils dégagent quelques tuiles et font descendre la civière auprès de Jésus. Frappé par la foi de ces hommes, Jésus accorde au paralytique le pardon de ses péchés et la guérison de son mal. On voit bien dans cet épisode le rôle de « médiateurs » que ces hommes, animés par leur foi en Jésus, ont exercé.

Les récits évangéliques rapportant les rencontres de Jésus ressuscité au matin de Pâques nous ramènent aussi à ce registre du témoignage. Tous insistent sur le témoignage de ceux et celles qui ont vu Jésus ressuscité : les femmes, les disciples, Thomas...

Dans le récit des Actes des Apôtres, c'est toujours sur le témoignage des apôtres et de leurs compagnons que les convertis viennent se faire baptiser : « Eux donc, accueillant [la] parole [de Pierre] se firent baptiser » (Actes 2, 41).

Tous ces exemples nous montrent la fonction médiatrice des disciples de Jésus. D'une certaine manière, c'est cette même fonction qui est confiée aux parrains et marraines. Même s'ils n'ont pas été les premiers messagers de la Bonne Nouvelle pour leurs filleuls, ils sont auprès d'eux des témoins de la foi et les conduisent à Jésus.

Dans les premiers siècles

Du temps de la « génération apostolique », c'est-à-dire du vivant des apôtres, les hommes et les femmes devenus croyants étaient baptisés sur leur simple adhésion à la foi en Jésus Christ. Mais très vite se dessine la nécessité d'une préparation spéciale pour recevoir le baptême, préparation qui s'étend même sur plusieurs années. Ainsi prend forme le catéchuménat, expression qui signifie « se mettre à l'écoute ». Effectivement, il s'agit pour le candidat au baptême de se mettre à l'écoute de tout ce qui fait la vie d'un chrétien authentique : écoute de la parole de Dieu, pratique des sacrements et de la prière, comportement guidé par la charité. Il faut donc qu'un membre éminent de la communauté ecclésiale accompagne le futur baptisé tout au long de sa préparation et se porte garant de son cheminement. Il exerce ainsi une paternité spirituelle qui apparaît véritablement comme l'origine du parrainage. Le choix de ces « sponsors » — c'est ainsi qu'on les appelait — impliquait de leur part une complète adhésion à la foi chrétienne et un mode de vie en conformité avec elle.

Les effets de la christianisation

Dans les premiers temps de l'Église, on baptise majoritairement des adultes sans pour autant exclure les enfants (Actes 16, 15 ; 16, 33). Puis, avec l'extension du christianisme, le baptême des nouveau-nés prend le pas sur celui des adultes. Au sein d'un milieu familial chrétien, les enfants deviennent eux-mêmes naturellement chrétiens dès leur plus jeune âge. Par ailleurs, la forte mortalité infantile provoquée par les épidémies, les guerres et la pauvreté incite l'Église à promouvoir le baptême des nouveau-nés.

Cette généralisation du baptême des petits enfants modifie progressivement le sens du parrainage. Celui-ci ne doit plus garantir devant l'Église la conversion et la préparation du candidat, mais témoigne devant Dieu de la sollicitude de la communauté chrétienne, représentée par le *fideiussor* dont parle par exemple saint Césaire d'Arles (VIe siècle), pour assurer au baptisé les moyens de développer sa foi et mener une vie sainte et juste. Cette évolution se répercutera également sur le parrainage des adultes, qui s'exerce comme soutien et compagnonnage dans la vie chrétienne.

Parrain et marraine

Parrain vient du mot latin pater *(marraine, de* mater*) tout comme le mot filleul(e) vient de* filius *(fils) et* filia *(fille). Termes qui désignent bien la notion de parenté spirituelle qu'instaure cette fonction. Au VIIe siècle apparaît le mot* patrinus*, qui se modifiera pour donner au pluriel* compatres*, traduit par compères. C'est ainsi que compère et commère désignaient le parrain et la marraine dans l'ancienne France. Dans la tradition populaire, ils deviennent un couple de fable : on les chahute, on les questionne sur leurs sentiments mutuels.*

Quand surviennent les difficultés

Au cours des siècles suivants, le sens du parrainage s'appauvrit progressivement. Il n'est d'ailleurs pas rare que le parrain ou la marraine soit le père ou la mère de l'enfant, à tel point qu'au XVIIe siècle, l'Église se voit obligée d'interdire une telle pratique. Il s'agit pour elle

Le baptême a été institué par Jésus lui-même : « De toutes les nations faites des disciples, baptisez-les au nom du Père, et du Fils, et du Saint-Esprit. »

de signifier clairement que le baptême est une seconde naissance plutôt que de valoriser l'aspect ecclésial du parrainage. Peu à peu, les parrains et marraines font partie du « décor » sans que leur rôle n'apparaisse très clairement. On glisse vers le folklore... jusqu'à aboutir aujourd'hui à une copie du modèle chrétien sous la forme d'un « parrainage civil » consistant à inscrire de manière « officielle », dans une mairie, le nom d'un parrain et d'une marraine. Les documents administratifs à fournir se limitent à un justificatif de domicile – ce qui tend à prouver que les valeurs républicaines peinent à donner sens à ce parrainage.

Pour un parrainage « actif »

Toutes ces « adaptations » prouvent au moins que le besoin de parrainage reste ancré dans la conscience collective. Il arrive souvent que des parrains et marraines soient désignés sans que le baptême ne soit à l'ordre du jour. Ils sont là, en attente... « Aujourd'hui, bien souvent, le parrain est choisi "pour faire plaisir" à un proche ou pour l'honorer, dans un savant dosage entre les parentèles et les amitiés. Les intérêts sont plus alors ceux des adultes que ceux des enfants : le point de vue plus affectif ou clanique que véritablement spirituel » (Xavier Lacroix, *Passeurs de vie, essai sur la paternité*, Bayard, 2004).

Plutôt que se résigner à cet affaiblissement du sens du parrainage, mieux vaut au contraire chercher quels pourraient être les points d'appui dans la vie des familles et dans celle de notre société d'un renouveau du parrainage.

Il est donc urgent d'encourager toute initiative pour « promouvoir » le véritable sens du parrainage chrétien. C'est d'ailleurs ce que le concile Vatican II affirmait déjà, il y a plus de quarante ans, en rappelant que l'initiation chrétienne « doit être l'œuvre non pas seulement des seuls catéchistes ou des seuls prêtres, mais celle de toute la communauté des fidèles, spécialement celle des parrains, en sorte que dès le début, les catéchumènes sentent qu'ils appartiennent au Peuple de Dieu » (décret *Ad Gentes*, n° 14).

Le baptême, premier sacrement de la vie chrétienne

Aux origines mêmes de l'histoire de l'Église, parrainage et baptême sont indissociables. C'est sur le baptême que se fonde le lien de parrainage, c'est le baptême qui donne sens à ce lien au fil des années.

Fondé par Jésus Christ

Le baptême n'est pas une invention de l'Église, mais a été institué par Jésus lui-même après sa résurrection, lorsqu'il dit à ses apôtres : « Allez donc ! De toutes les nations faites des disciples, baptisez-les au nom du Père et du Fils et du Saint-Esprit ; et apprenez-leur à garder les commandements que je vous ai donnés. Et moi je suis avec vous tous les jours jusqu'à la fin du monde » (Matthieu 28, 18-20). Depuis ce jour, l'Église, à commencer par les apôtres, est dépositaire de cette mission confiée par le Christ.

Transmis par les apôtres

La lecture des Actes des Apôtres et des épîtres de saint Paul nous fait mesurer l'importance de l'activité baptismale dans la vie des premières communautés chrétiennes. Dès le jour de la Pentecôte, un grand nombre de personnes se fait baptiser. Ainsi se constitue, autour des apôtres, la première Église à laquelle se joignent sans cesse de nouveaux membres, y compris des païens : « Des hommes et des femmes de plus en plus nombreux adhéraient au Seigneur par la foi » (Actes 5, 14). Paul lui-même reçoit le baptême après sa conversion (Actes 9, 18).

On ne se baptise pas soi-même, on est baptisé par Jésus Christ.

Porte d'entrée dans la foi

Toute vie chrétienne commence donc par ce rite du baptême qui est la porte d'entrée dans la foi en Dieu Père, Fils et Saint-Esprit.

Dans le cas du baptême des petits enfants, ce sacrement est conféré seul. Les petits baptisés chemineront ensuite, progressivement, avec l'aide de leur famille et de leurs catéchistes, dans leur connaissance de Jésus Christ, de l'Évangile et de l'Église pour se préparer à recevoir les sacrements de l'eucharistie et de la confirmation.

Dans le cas des baptêmes d'adultes, célébrés le plus souvent au cours de la nuit pascale, les nouveaux baptisés reçoivent dans le même temps le sacrement de la confirmation et celui de l'eucharistie. On appelle ces trois sacrements sacrements d'initiation. Devenu enfant de Dieu par le baptême, chacun est, par l'action de l'Esprit Saint, « confirmé » dans son appartenance au Seigneur, et reçoit le Corps et le Sang du Christ pour prendre force et nourrir sa vie nouvelle de baptisé.

Qu'est-ce qu'un sacrement ?

Un sacrement est un signe sensible et efficace de la grâce, institué par le Christ et confié à l'Église par lequel nous est donnée la vie divine. Il y a sept sacrements : le baptême, la confirmation, l'eucharistie, la pénitence, l'onction des malades, l'ordre et le mariage. Un sacrement n'est ni un acte de magie ni un tour de passe-passe. Un sacrement est la manifestation de la vie divine dans l'histoire d'un homme, d'une femme, d'un enfant.

Baptiser

Ce mot vient du verbe grec *baptizein* qui signifie « plonger », « immerger ». « La plongée dans l'eau symbolise l'ensevelissement du catéchumène dans la mort du Christ d'où il sort par la résurrection, avec lui, comme nouvelle créature » (*Catéchisme de l'Église catholique*, n° 1214).

Dans la lettre de saint Paul à Tite, nous trouvons cette magnifique expression : Dieu nous a sauvés « par le bain de la régénération et de la rénovation en l'Esprit Saint » (Tite 3, 5). Elle fait écho à cette parole de

Jésus à Nicodème : « À moins de naître d'eau et d'Esprit, nul ne peut entrer dans le Royaume de Dieu » (Jean 3, 5).

Ces deux expressions soulignent bien que le baptême est une nouvelle naissance. Les baptisés ne « perdent » pas leurs parents selon la chair, mais deviennent par ce sacrement les enfants de leur Père qui est dans les cieux. Ils entrent pour toujours dans cette communion filiale qui les unit au Père par la grâce de Jésus Christ et la puissance de l'Esprit Saint. Les baptisés deviennent signes de cet amour (cf. page 54), ils en sont les bénéficiaires mais aussi les témoins. Belle responsabilité !

Être baptisé

L'Évangile nous rapporte que Jean « le Baptiste » baptisait les foules dans le Jourdain. Ceci nous indique que les personnes qui se présentent au baptême ne plongent pas elles-mêmes dans l'eau mais que quelqu'un les y attend pour les saisir et les conduire à cette expérience unique : se sentir noyé dans les eaux de la mort pour en rejaillir sauvé, vivant, ressuscité. On ne se baptise pas soi-même, on est baptisé par Jésus Christ. Quels que soient le sacrement et le ministre du sacrement – évêque, prêtre ou diacre –, c'est toujours le Christ qui agit parce que c'est toujours à son initiative que nous répondons.

Être parrain ou marraine d'un bébé

Les conditions du parrainage diffèrent sensiblement selon qu'il s'agit du baptême d'un tout jeune enfant ou de celui d'un adulte. Dans le cas du baptême d'un petit, ce sont les parents qui sollicitent un proche pour être parrain ou marraine de leur enfant. Il n'est pas rare que la demande se fasse avant même la naissance du bébé, ce qui renforce sans doute l'importance du choix : le parrain et la marraine entrent alors eux-mêmes dans l'attente de la venue au monde de cet enfant dont ils se voient confié l'accompagnement spirituel aux côtés des parents.

S'agissant du baptême à proprement parler, la préparation demandée par l'Église implique directement les parents mais, dans la mesure où cela est possible, le parrain et la marraine sont également invités à participer à cette préparation et à réfléchir avec d'autres parrains et marraines à leur mission. Le jour de la célébration, les parents ont bien sûr un rôle prépondérant, puisque ce sont eux qui demandent le baptême pour leur enfant, mais la liturgie donne aussi un rôle actif au parrain et à la marraine (cf. page 40). C'est enfin après le baptême que s'instaure la vraie relation entre les parrain et marraine et leur filleul, et ceci pour toute une vie !

Pourquoi baptiser les bébés ?

La question est fréquente et, depuis maintenant plusieurs dizaines d'années, certains parents chrétiens disent préférer différer le baptême de leur enfant pour le jour où ils comprendront ! Mais que comprendront-ils si on les prive de ce qui, précisément, conduit à la foi : la prière du Notre Père, *la grâce de l'Esprit Saint, les sacrements, la vie avec d'autres frères chrétiens ? Toutes les explications, mêmes les plus « honnêtes », resteront toujours des arguments et ne « donneront » pas la foi. Car la foi est un don de Dieu avant d'être une initiative de l'homme et, ce don, seul le baptême le dépose au cœur de chacun.*
Quant à l'argument selon lequel on laisserait aux enfants, en différant leur baptême, la liberté de choisir quand ils seront plus grands, il met en jeu une fausse idée de la liberté. La vraie liberté s'acquiert, s'éduque et se construit, elle est le contraire d'un mouvement spontané ou d'une décision aveugle. Éduquer la liberté d'un enfant au sein de la foi chrétienne est certainement la plus haute mission de parents chrétiens.

Être parrain ou marraine d'un adulte

Dans le cas du baptême d'un adulte, c'est le catéchumène lui-même qui choisit son parrain et/ou sa marraine. Il peut arriver que le futur baptisé ne puisse trouver dans son entourage proche quelqu'un qui soit en mesure de remplir cette fonction. Les accompagnateurs de catéchuménat lui proposent alors telle ou telle personne de la paroisse.

La préparation d'un catéchumène étant assez longue (trois ans environ) et jalonnée de plusieurs étapes, le rôle et la responsabilité de son parrain et de sa marraine s'en trouvent renforcés. Ils sont appelés à suivre de près son cheminement, à soutenir sa démarche et à rendre compte de leur propre foi par le témoignage de leur vie.

Le lien entre un nouveau baptisé adulte et sa marraine ou son parrain se tisse durant la longue préparation qui précède le baptême.

Le parrain et la marraine doivent d'ailleurs être présents lors de la dernière étape qui précède de quelques semaines le baptême. Au cours de cet « appel décisif », l'évêque interroge le catéchumène sur son intention de participer à la prochaine célébration pascale et d'y recevoir le baptême, la confirmation et l'eucharistie. Les parrain et marraine sont à leur tour interrogés pour rendre témoignage sur leur filleul et s'engager à le soutenir jusqu'au baptême et durant toute sa vie de baptisé. Ils signent un registre spécial à côté du nom de leur filleul.

Parce qu'il s'agit d'une personne adulte, le parrainage après baptême prendra des formes différentes de celui d'un petit enfant. En effet, après un certain temps de « rodage », un adulte bien préparé est en mesure de prendre en mains sa propre vie chrétienne. Le parrain et la marraine, alors moins sollicités, resteront cependant pour lui des liens forts avec l'Église et avec cette période d'intense investissement spirituel et ecclésial.

Et pour un enfant en âge scolaire ?

Il arrive souvent que des parents demandent le baptême pour leur enfant alors que celui-ci a dépassé l'âge du baptême des tout-petits. Les raisons peuvent être multiples. Soit ils n'y ont simplement pas pensé auparavant, soit des contraintes d'éloignement les ont empêchés de faire cette demande plus tôt, soit ils préféraient attendre que leur enfant grandisse (cf. page 16), soit l'enfant lui-même, au contact de camarades ou de cousins eux-mêmes baptisés, a formulé cette demande.

L'Église propose alors à cet enfant ou à ce jeune un parcours adapté à son âge, en prenant le temps qu'il faut, quelques mois ou quelques années. Ce parcours est similaire à celui d'un adulte, avec différentes étapes. Dans ce cas, il est bon que l'enfant ou l'adolescent choisisse lui-même, en accord avec ses parents, son parrain et sa marraine.

Pour les prêtres, les laïcs au service de l'accueil en paroisse et pour tous les chrétiens qui essaient d'être témoins au jour le jour, il y a une grande joie à recevoir des demandes de baptême, pour des tout-petits mais aussi pour des adultes, des enfants d'âge scolaire ou des adolescents. C'est la fraîcheur de l'appel du Christ qui ne cesse de rejoindre le cœur des hommes.

Les trois piliers du parrainage

Aujourd'hui comme hier, les bases du parrainage restent les mêmes.

Soutenir et assister son filleul

Les textes officiels de l'Église nous disent que le rôle des parrains et marraines est « d'assister le futur baptisé et de faire en sorte que le baptisé mène plus tard une vie chrétienne en accord avec son baptême et accomplisse fidèlement les obligations qui lui sont inhérentes » (*Code de Droit Canonique*, n° 872). Ces lignes montrent clairement l'horizon du futur baptisé : mener une vie chrétienne dans la fidélité, ce qui ne peut se vivre sans le soutien dans la foi d'autres frères et sœurs, a fortiori celui des parrain et marraine.

Il y a bien des façons de soutenir un filleul qui se prépare au baptême, à commencer par la prière. On peut aussi prévoir des moments d'entretien avec lui s'il s'agit d'un adulte ou avec ses parents s'il s'agit d'un bébé. Dans un cas comme dans l'autre, il convient de rester proche, disponible, attentif.

Il se peut que le parrain ou la marraine se sente peu assuré. C'est un sentiment bien naturel ! Qui pourrait prétendre avancer dans cet accompagnement bardé de certitudes ? Pour recevoir la grâce de soutenir un filleul et d'assurer fidèlement son rôle, le parrain ou la marraine aura à cœur de confier cette mission à l'assistance de l'Esprit Saint. Le Saint-Esprit n'agit pas à notre place, mais c'est lui qui nous guide, nous conseille. Il est notre « Paraclet », celui qui est « à nos côtés ». « Je prierai le Père et il vous donnera un autre Paraclet, pour qu'il soit avec vous à jamais, l'Esprit de Vérité » (Jean 14, 16-17).

Le parrainage : la fraîcheur de l'appel du Christ qui ne cesse de rejoindre le cœur des hommes.

Se porter garant au nom de l'Église

L'entrée dans l'Église est une affaire sérieuse. Elle engage autant celui qui se présente que la communauté qui l'accueille. C'est pourquoi il est nécessaire d'être conduit par un chrétien déjà connu dans cette communauté et qui va pouvoir en quelque sorte se porter garant de la profondeur de la démarche de celui qui demande à devenir chrétien.

Ceci s'inscrit dans la droite ligne de ce qui se pratiquait dans la chrétienté au IIIe siècle, et dont Hippolyte de Rome nous laisse le témoignage le plus précis. Il décrit un premier examen au départ du cheminement : « Ceux qui se présentent pour la première fois afin d'entendre la Parole seront amenés tout d'abord devant les docteurs avant que tout le peuple n'arrive, et on leur demandera la raison pour laquelle ils viennent à la foi. Ceux qui les ont amenés témoigneront à leur sujet (pour qu'on sache s'ils sont capables d'entendre la Parole). »

Après la catéchèse, qui dure en principe trois ans, une nouvelle enquête a lieu pour l'admission au baptême : « Ont-ils vécu honnêtement pendant qu'ils étaient catéchumènes ? Ont-ils honoré les veuves ? Ont-ils visité les malades ? Ont-ils fait toutes sortes de bonnes œuvres ? Si ceux qui les ont amenés rendent témoignage sur chacun : il a agi ainsi, ils entendront l'Évangile. »

D'autres témoignages venus de Carthage et d'Alexandrie recoupent celui d'Hippolyte de Rome. Certes, la formulation de ces questions a aujourd'hui évolué, mais le fondement reste le même : le parrain et la marraine doivent répondre de leur filleul devant la communauté tout entière.

« Selon une très ancienne coutume de l'Église, on n'admet pas au baptême un adulte sans parrain (le terme « parrain » désigne ici soit un homme, soit une femme), pris dans la communauté chrétienne. Ce parrain aura à aider le catéchumène, au moins dans l'ultime préparation au sacrement, et, après le baptême, il contribuera à sa persévérance dans la foi et dans la vie chrétienne. Chaque petit enfant, pour son baptême, doit aussi avoir un parrain. Sa présence élargit dans un sens spirituel la famille du futur baptisé et signifie le rôle maternel de l'Église. Il pourra, en certains cas, aider les parents afin que l'enfant parvienne un jour à

« Chaque petit enfant, pour son baptême, doit [...] avoir un parrain. Sa présence élargit dans un sens spirituel la famille du futur baptisé. »

professer la foi et à l'exprimer dans sa vie » (Notes doctrinales et pastorales du *Rituel du baptême des petits enfants*, n° 8).

Représenter l'Église

Tout ceci nous permet de comprendre que le parrainage n'est pas une institution qu'on raccrocherait tant bien que mal à l'Église et que le baptême n'est pas un acte privé mais un acte ecclésial. Le parrainage appartient davantage à l'Église qu'aux parrains et marraines. Comme l'indique le Père Michel Dujarrier, « il n'appartient pas au baptiseur comme tel, mais à l'Église ; pareillement, le parrainage découle de la nature même de l'Église » (*Le parrainage des adultes aux trois premiers siècles de l'Église*, Parole et Mission, Cerf, 1962).

Mère des croyants qui engendre des hommes et des femmes à la foi, l'Église est aussi le peuple de l'Alliance. L'homme est invité à répondre avec le plus grand sérieux à cette Alliance dans laquelle Dieu, lui, s'est engagé de manière indéfectible et dont Jésus, comme le dit l'épître aux Hébreux, « est devenu garant » (Hébreux 7, 22).

Un service de toute la communauté ecclésiale

La communauté ecclésiale peut aussi prendre sa part dans le parrainage. D'abord en priant pour ses catéchumènes et pour ses nouveaux baptisés mentionnés à la messe. Mais également par quelques initiatives plus concrètes.

Dans certaines paroisses, des chrétiens du voisinage vont rendre visite au nom de la communauté à la famille qui demande le baptême pour un enfant. Cela permet de faire connaissance, de créer quelques liens, évitant que l'ensemble de la préparation au baptême ne reste en dehors de la communauté. Mettre en œuvre la proximité, même de façon modeste, peut réserver de belles surprises...

On peut encore favoriser la rencontre des parents demandant le baptême pour leurs enfants avec des catéchumènes et des chrétiens plus enracinés dans la vie de la paroisse. Éveiller à la foi ces parents

L'Église propose aux enfants d'âge scolaire une préparation au baptême similaire à celle des adultes. Le jour de la célébration, les chemins de différentes générations peuvent donc se rejoindre !

désireux de faire baptiser leurs enfants, n'est-ce pas aussi leur donner l'occasion de rencontrer des membres vivants de la communauté chrétienne de leur ville ou de leur quartier et pas seulement les quelques personnes en charge de la préparation des baptêmes ?

Et, puisqu'il est fréquent que des personnes baptisées à l'âge adulte demandent au prêtre qui les accompagne de leur conseiller ou même de leur proposer un parrain ou une marraine, pourquoi ne pas constituer dans chaque paroisse un « vivier » de parrains et marraines potentiels ?

Enfin, souvenons-nous que la notion de parrainage ne se limite pas au baptême ! Au lieu de se lamenter sur la faible présence des enfants à la messe à l'issue de leur première communion, il serait plus constructif de réfléchir à des façons de nouer davantage de liens communautaires avec eux. Venir à la messe seul quand on a huit ou douze ans relève de l'héroïsme ! Un enfant dont la famille fréquente peu la paroisse pourrait très bien être parrainé par un fidèle et se rendre avec lui à la messe dominicale. Il y a de quoi imaginer pour renforcer ce rendez-vous du dimanche si essentiel à nos yeux !

« Je crois en
Dieu, le Père
tout-puissant,
créateur du
ciel et de
la terre. »

UNE DÉCISION QUI M'ENGAGE

Le parrainage, un chemin de conversion

Vous à qui va être confiée la mission de devenir parrain ou marraine d'un nouveau baptisé, vous comprenez maintenant toute l'importance de votre rôle : être témoin de la foi et accompagner votre filleul dans sa vie chrétienne. Cette mission, qui, nous l'avons vu, s'enracine dans les origines du christianisme, acquiert aujourd'hui une nouvelle force, en ces temps où l'Église est entrée dans la dynamique de la « nouvelle évangélisation ».

Vous engager comme parrain ou marraine implique que vous réfléchissiez à votre propre cheminement dans la foi, que vous fassiez le point en quelque sorte ! C'est pourquoi, au moment où vous vous apprêtez à vous porter garant de votre filleul en son nom, l'Église vous invite à redire la profession de foi catholique. C'est tout le sens de la proclamation du *Credo*. Il ne s'agit pas de « réciter » le *Credo*, mais de le dire en conscience, comme renouvellement de votre engagement dans la foi. Pour cela, il vous faut peut-être mieux le « comprendre », essayer de mettre en lumière des aspects pouvant jusque-là être restés dans l'ombre.

Le *Credo*

Le *Credo* que la communauté rassemblée proclame chaque dimanche à la messe est le cœur de la foi chrétienne, son axe fondamental.

La foi chrétienne se transmet grâce à une succession de témoins.

Il ne s'agit pas bien sûr d'exiger que vous en ayez une connaissance parfaite sur tous les points. Buter sur une expression, ne pas avoir tout compris, tout cela n'est pas grave et peut être justement l'occasion pour vous d'un approfondissement. L'important est que vous désiriez avancer sur le chemin de la foi. Cela n'est possible que dans un va-et-vient constant entre votre manière de vivre cette foi et votre désir d'en approfondir le contenu.

La question n'est pas de tout comprendre parfaitement mais de croire que Dieu le Père est créateur de toutes choses, que son Fils Jésus par la grâce de l'Esprit Saint nous fait entrer pour toujours dans l'amour du Père et que cela est notre bonheur.

Je crois en Dieu, le Père tout-puissant,
créateur du ciel et de la terre.
Et en Jésus Christ*, son Fils unique, notre Seigneur,*
qui a été conçu du Saint-Esprit,
est né de la Vierge Marie,
a souffert sous Ponce Pilate,
a été crucifié, est mort, a été enseveli,
est descendu aux enfers,
le troisième jour est ressuscité des morts,
est monté aux cieux,
est assis à la droite de Dieu le Père tout-puissant
d'où il viendra juger les vivants et les morts.
Je crois en l'Esprit Saint,
à la sainte Église catholique, à la communion des saints,
à la rémission des péchés, à la résurrection de la chair,
à la vie éternelle. Amen.

Il existe une version légèrement plus développée du *Credo*, appelée Symbole de Nicée-Constantinople, en référence aux deux conciles de 325 et 381 qui l'ont mis en forme.

L'amour trinitaire

Revenons à cet ordre donné par Jésus à ses disciples après sa résurrection : « Allez donc ! De toutes les nations faites des disciples, baptisez-les au nom du Père et du Fils et du Saint-Esprit » (Matthieu 28, 19). C'est clair ! Dès l'origine et avant toute formulation plus élaborée, nous comprenons que le baptême est une plongée dans le mystère trinitaire, dans l'amour qui unit les trois Personnes de la Trinité.

La profession de foi baptismale, qui est une autre façon de proclamer le *Credo*, est tout entière contenue dans cette triple affirmation présentée sous forme de questionnement :

*« **Croyez-vous en Dieu,** le Père tout-puissant, créateur du ciel et de la terre ? »*
*« **Croyez-vous en Jésus Christ,** son Fils unique, notre Seigneur, qui est né de la Vierge Marie, a souffert la Passion, a été enseveli, est ressuscité d'entre les morts, et qui est assis à la droite du Père ? »*
*« **Croyez-vous en l'Esprit Saint,** à la sainte Église catholique, à la communion des saints, au pardon des péchés, à la résurrection de la chair, à la vie éternelle ? »*

Ces trois questions nous font saisir l'ossature de la foi chrétienne, qui est foi en Dieu Trinité. Nous ne sommes pas en présence d'un catalogue de vérités hétéroclites, mais nous entrons en relation avec ce Dieu qui nous est révélé comme relation d'amour, de don mutuel et réciproque, échange d'amour : le Père aime le Fils, le Fils aime le Père et cet amour surabondant, c'est l'Esprit. La Trinité n'est pas un mystère « compliqué », elle est seulement le lieu de l'amour parfait. C'est sans doute sur cela que bute notre intelligence humaine encombrée par une vision trop étroite de l'amour.

Une fois réalisé ce repérage de la structure trinitaire, retenez ce qui est affirmé du Père. Il est source de toute vie et de tout amour, il est notre créateur. Puis laissez-vous guider par cette sorte de récit en abrégé de l'itinéraire de Jésus : né de la Vierge Marie, crucifié sous Ponce Pilate, ressuscité le troisième jour... Vous n'avez que les arêtes vives, les éléments clés, mais cela vous suffit pour cette entrée dans le grand mouvement pascal de la vie de Jésus auquel le baptême vous fait participer.

Enfin, à l'expression de la foi en l'Esprit Saint, vous voyez qu'est lié le mystère de l'Église, car c'est bien sous l'action de l'Esprit que les croyants de toutes générations forment un seul Corps. C'est sous l'action de l'Esprit que la vie des hommes dans toute sa diversité se transforme en fraternité, en partage, en amour...

Je crois, nous croyons

Génération après génération, les chrétiens ont redit ce *Credo* avec tout leur cœur comme un rocher sur lequel appuyer leur foi.

Comme nous l'avons dit plus haut, la foi chrétienne se transmet grâce à une succession de témoins. Chacun découvre, à un moment ou à un autre de sa vie, qu'il a été précédé par d'autres croyants : ils ne sont pas parfaits, mais ils sont là. Ils ont cheminé et essayé de vivre ce qu'ils croient. Leur témoignage est vital : il donne « chair » à cette proclamation de la Bonne Nouvelle qui n'est pas un ensemble de théories mais une vie, celle de Jésus Christ.

Entrer dans la famille des chrétiens, c'est vivre dans un environnement de frères et de sœurs, habités par la joie de croire en Jésus Sauveur, malgré les doutes et les difficultés. C'est cet entourage fraternel et ecclésial qui va permettre aux « nouveaux » d'accueillir avec confiance les gestes et les paroles sacramentels comme les signes de la foi allumée en eux par l'Esprit Saint.

Pourquoi une formule fixée une fois pour toutes ?

N'est-ce pas contraire à la liberté de l'Esprit qui donne à chaque croyant de rendre compte avec ses propres mots de sa foi ? Sans nier cette dimension, l'affirmation unique et universelle de la foi par les mots du Credo met en lumière quelques traits essentiels de la foi chrétienne :

— Après la résurrection de Jésus et la Pentecôte, ce sont les apôtres qui ont transmis ce qu'ils avaient reçu du Seigneur. Or, après la mort du dernier apôtre, prenait fin ce que l'on appelle la tradition apostolique. Il fallait donc « fixer », c'est-à-dire mettre par écrit leur confession de foi afin d'en garder mémoire et de prévenir toute déviation.

— Pouvoir proclamer sa foi en Dieu Père, Fils et Esprit Saint dans les mêmes termes, à travers les siècles et d'un bout à l'autre du monde est un facteur de communion extraordinaire.

— S'il est bon et même indispensable que nous puissions reprendre à notre compte, avec nos mots et notre histoire personnelle, chaque terme du Credo, il n'en demeure pas moins que l'on reçoit la formulation de la foi comme on reçoit la foi elle-même : elle est un don de Dieu.

Un chemin de conversion

On voit bien comment les candidats au baptême sont véritablement engagés dans un mouvement de conversion. Mais nous percevons sans doute plus difficilement combien les proches des futurs baptisés, et en particulier vous, parrain ou marraine, sont eux aussi appelés à se convertir. Pourtant, c'est aussi l'un des enjeux d'un parrainage sincère et vrai.

Pourquoi vous convertir et comment, puisque vous êtes déjà chrétien ? Parce que, dans le langage spirituel, la conversion est ce mouvement intérieur par lequel vous allez abandonner tout ce qui dans votre vie vous empêche d'aimer vos proches, vos voisins, vos collègues, tout ceux que vous croisez.

Dans l'Évangile, les premières paroles de Jésus sont pour appeler ses auditeurs à la conversion, et cela avant même d'appeler ses premiers disciples : « Le temps est accompli et le Royaume de Dieu est tout proche : repentez-vous et croyez à l'Évangile ! » (Marc 1, 15 ; Matthieu 4, 17). Évangile signifie « bonne nouvelle », une bonne nouvelle qui n'est autre que Jésus lui-même. Il ne s'agit donc pas de croire à quelque chose mais de croire en quelqu'un : le Christ. En lui, Dieu se fait proche des hommes pour les libérer et les sauver de tout péché et de tout mal. En rencontrant notre humanité, Jésus la libère et la sauve. La conversion, c'est donc de l'accueillir comme notre libérateur, notre Sauveur.

La vie nouvelle des enfants de Dieu

« Bien aimés, aimons-nous les uns les autres,
puisque l'amour est de Dieu
et que quiconque aime est né de Dieu et connaît Dieu. [...]
En ceci s'est manifesté l'amour de Dieu pour nous :
Dieu a envoyé son Fils unique dans le monde
afin que nous vivions par lui. [...]
Dieu, personne ne l'a jamais contemplé.
Si nous nous aimons les uns les autres,
Dieu demeure en nous,
en nous son amour est accompli.
À ceci nous connaissons
que nous demeurons en lui et lui en nous :
il nous a donné son Esprit.
Et nous, nous avons contemplé
et nous attestons que le Père a envoyé son Fils
comme Sauveur du monde. »

(1re lettre de saint Jean 4, 7-14)

« Bien aimés, voyez comme il est grand, l'amour dont le Père nous a comblés : il a voulu que nous soyons appelés enfants de Dieu et nous le sommes ! »

En nous donnant son Fils, Dieu le Père nous dit tout ce qu'il voulait nous dire. Il nous communique sa vie. La meilleure décision que nous puissions prendre est de nous laisser entraîner dans ce mouvement d'amour, qui nous permet de vivre à plein notre vie d'enfants de Dieu, une vie nouvelle qui nous introduit déjà dans la vie éternelle. La parole divine qui retentit au baptême de Jésus — « Tu es mon Fils, aujourd'hui, je t'ai engendré » — est la préfiguration de celle qui repose sur tout homme, que Dieu appelle à devenir son enfant. Écoutons saint

Jean quand il nous dit : « Bien aimés, voyez comme il est grand, l'amour dont le Père nous a comblés : il a voulu que nous soyons appelés enfants de Dieu et nous le sommes ! » (1re lettre de saint Jean 3, 1).

Les conséquences sur la manière de vivre sont immenses : s'offrir avec Jésus au Père, vivre par lui, s'entraîner à vivre des relations de confiance et de fraternité avec les autres, quels qu'ils soient, tout cela nous est donné en cadeau dans notre identité d'enfants de Dieu.

Ainsi, tout s'éclaire. Rappelez-vous les points sur lesquels porte l'examen des candidats au baptême : la conversion, la vie nouvelle, l'adhésion à la foi de l'Église. Pas à pas, des catéchumènes adultes découvrent cet appel et en sont bouleversés. Même dans un baptême de tout-petit, c'est tout cela qui est en germe.

Un choix décisif

Nous espérons que le large tour d'horizon que nous venons d'accomplir sur le parrainage, son sens et ce qu'il implique puisse aider chacun à réfléchir à sa situation personnelle, qu'il s'agisse de choisir un parrain ou une marraine pour son enfant, ou pour soi-même dans le cas d'un baptême d'adulte, ou de recevoir une demande de devenir parrain ou marraine.

Choisir un parrain ou une marraine : une exigence raisonnable

Le choix d'un parrain ou d'une marraine peut sembler engendrer toutes sortes d'hésitations, d'atermoiements par rapport aux principes posés par l'Église et leur application dans la vie de chacun. Pourtant, il n'y a pas vraiment d'alternative.

Soit on « laisse filer » en acceptant des parrains et marraines très peu liés à la foi chrétienne, voire non baptisés : « Pour le baptême du plus grand, nous avions demandé à un ami musulman et cela n'a pas posé problème dans notre paroisse ! » De telles pratiques annulent d'emblée le sens même du parrainage comme lieu du témoignage de la foi chrétienne.

Soit, et c'est la seule voie acceptable, on s'en tient fermement aux critères établis par l'Église concernant l'âge des parrains et marraines, leur initiation, voire leur confirmation, et leur implication personnelle dans la vie chrétienne. Bien sûr, des voix objectent, non sans raisons, que si on demande que les parrains et marraines aient reçu le sacrement de confirmation, on risque bien de ne pas trouver grand monde. Certes, mais c'est perdre de vue que les exigences ne sont pas toujours ressenties comme insurmontables et peuvent au contraire être reçues comme un gage de sérieux. Tout dépend de la façon dont on les présente et de la pédagogie qu'on emploie. Sans compter que bien des parrains et marraines pressentis sont des chrétiens fervents.

Tout comme le baptême n'est pas un acte privé (cf. page 21), le choix des parrains et marraines n'est pas seulement privé, laissé au seul jugement des personnes concernées : adulte qui va recevoir le baptême ou parents d'un tout-petit présenté au baptême. L'Église exerce un discernement et admet que telle personne et non telle autre remplisse la fonction de parrain (cf. *Code de Droit canonique*, n° 874), ce qui met particulièrement en lumière le sens du parrainage. Devenir parrain ou marraine, c'est non seulement exercer une fonction mais c'est surtout assurer une mission. C'est en vérité rendre un beau service, au sens le plus élevé du mot.

Les conditions pour être parrain ou marraine

1. Avoir été désigné par le futur baptisé, ou ses parents, ou celui qui tient leur place, ou, à défaut de ceux-ci, par le curé ou le ministre du sacrement ; être apte à remplir cette fonction et avoir l'intention de le faire.

2. Être âgé de 16 ans révolus ou avoir obtenu une dérogation du curé ou du ministre ordonné.

3. Avoir reçu soi-même les trois sacrements de l'initiation : baptême, confirmation et eucharistie, et avoir une vie conforme à la foi et à la fonction à assumer.

4. Ne pas être le père ou la mère du futur baptisé.

En outre, il faut qu'il y ait soit un parrain ou une marraine seulement, soit à la fois un parrain et une marraine.

Quand les parents en manifestent le désir et quand il y a déjà un parrain (ou une marraine) catholique, on peut admettre, comme simple « témoin » chrétien du baptême, un chrétien n'appartenant pas à la communauté catholique, s'il professe la foi au Christ. En ce qui concerne les orientaux séparés, on se reportera à la discipline spéciale pour les Églises d'Orient.

C'est pourquoi le choix du parrain et de la marraine doit être mûri, réfléchi sans céder à des critères de complaisance. Vous devez non seulement prendre le temps pour votre propre réflexion, mais aussi laisser à celui qui a été pressenti le temps de donner une réponse sûre, qui l'engage. Voilà qui augure un bon départ dans une relation qui est à construire sur la durée.

Posez-vous des questions sur une personne pressentie avant de la solliciter :

- Où en est-elle de sa relation à la foi chrétienne ?
- Ne vais-je pas la mettre en porte-à-faux par rapport à ses propres convictions ?
- Quels éléments humains, relationnels, favoriseront une manière heureuse de vivre le parrainage ou pourraient au contraire gêner cette relation ?

Mais, après une réflexion sérieuse et un appel à l'Esprit Saint, sachez aussi vous lancer, accepter la part d'inconnu ! Cela fait partie de la réponse à cet appel que de ne pouvoir tout maîtriser au départ.

Devenir parrain ou marraine : cet appel est-il pour moi ?

Que la question du parrainage vous renvoie à des questions essentielles sur la foi et sur votre vie n'est pas étonnant. C'est même plutôt bon signe, signe que vous ne prenez pas cette demande de parrainage à la légère.

Prenez votre temps avant de donner votre réponse. Pour vous aider à mûrir votre décision, voici une liste de questions que vous pouvez vous poser :

- Où en suis-je de ma relation à Dieu ?
- Est-il pour moi un Père qui aime ses enfants ?
- Jésus Christ, qui est-il pour moi ?
- Est-ce que j'essaie de vivre sous l'action de l'Esprit de Dieu, en artisan de paix, en serviteur des autres, en ouvrier de justice ?
- Quel visage l'Église a-t-elle pour moi ?

- Suis-je prêt à approfondir ma vie chrétienne ou à me mettre en route pour répondre à cet appel pour aider cet enfant, cette personne adulte sur le chemin de sa vie chrétienne ?
- Si je n'ai pas reçu le sacrement de confirmation, n'y a-t-il pas là un appel à m'y préparer ?
- Aurais-je assez de temps et de disponibilité à consacrer à mon filleul ?
- Est-ce que je me sens prêt à assumer ce service dans la durée ?

Il doit être possible de refuser une demande. Sinon, les choses risquent bien d'être faussées, car il n'y a nulle liberté dans une réponse donnée d'avance.

Votre réflexion peut vous conduire à ne pas accepter de devenir parrain ou marraine :

- parce que vous êtes trop peu avancé dans votre propre initiation chrétienne ;
- parce que vous ne vous sentez pas assez au clair avec la foi chrétienne ;
- parce que vous redoutez l'implication personnelle que cela représentera ;
- parce que vous avez déjà plusieurs filleuls et craignez, en acceptant une nouvelle demande, de ne pouvoir suivre chacun avec la même proximité ;
- parce que les liens déjà créés avec la personne qui vous demande d'être son parrain ou sa marraine orientent votre relation sur un autre plan qui ne serait pas vraiment compatible avec le rôle de parrain ou de marraine. Ainsi, l'accompagnateur d'un catéchumène n'est pas le mieux placé pour devenir son parrain. Dans le cas d'une telle demande, du reste très fréquent, il convient d'élargir le cercle du futur baptisé, de l'aider à tisser des liens avec d'autres chrétiens.

Quelle qu'en soient les raisons, vous devez vous sentir libre de refuser cette demande, du moment que vous prenez soin d'expliquer paisiblement votre décision à ceux qui vous ont sollicité.

« Celui qui boira de l'eau que moi je lui donnerai n'aura plus jamais soif ; et l'eau que je lui donnerai deviendra en lui source jaillissante pour la vie éternelle. »
(Jean 4, 14)

LE BAPTÊME DE MON FILLEUL

Se préparer et participer

De plus en plus de paroisses proposent au parrain et à la marraine de participer à la préparation du baptême de leur filleul. C'est la suite logique d'une nouvelle compréhension du parrainage et de son sens, à la fois pour l'Église et pour les nouveaux baptisés. En leur qualité de soutien, de garants et de représentants de l'Église, le parrain et la marraine sont de vrais acteurs du baptême.

Ils pourront, par exemple, s'exprimer au début de la célébration au moment de l'engagement des parents, mais aussi être sollicités pour proclamer un texte de la parole de Dieu ou rédiger une intention de prière. Des gestes leur sont plus particulièrement attribués : la remise du vêtement blanc et l'accueil de la lumière au nom du nouveau baptisé. Leurs signatures sur le registre confirment l'importance de leur présence.

Les parrains et marraines sont aussi appelés à se préparer intérieurement à recevoir cette mission.

C'est dans la prière qu'ils peuvent y parvenir en profondeur. Ils peuvent prier pour leur filleul en confiant à Dieu sa vie et son avenir, toute cette vie d'enfant de Dieu qui va éclore, en rendant grâce pour cette vie nouvelle. Ils peuvent aussi faire mémoire de leur propre baptême, de leur confirmation. Ils peuvent enfin demander au

Seigneur de les fortifier dans le rôle qu'ils ont accepté et dans leur vie chrétienne ordinaire.

La figure modèle des parrains et marraines pourrait bien être celle de Jean Baptiste qui, désignant le Christ, dit : « Il faut qu'il croisse et que je diminue » (Jean 3, 30).

Quand baptiser ?

Nous sommes entrés dans une ère si individualiste que cette question peut sembler incongrue à beaucoup – « Eh bien, on célèbrera le baptême quand cela conviendra aux parents, aux parrain et marraine, aux tantes et aux cousins, aux amis d'ici ou de là ! »

Les contraintes de la fête profane risquent bien de tout commander. Pire, à force d'attendre pour satisfaire à ces contraintes, on peut aussi « oublier » et se retrouver avec des enfants et des adolescents non baptisés par « omission ».

Remettons-nous en tête quelques idées claires sur le sujet...

Il faut partir de Pâques. Nous avons vu que la célébration des sacrements de l'initiation – baptême, confirmation, eucharistie – est fondamentalement liée à la célébration du mystère pascal et donc au temps de Pâques. C'est le cas pour les adultes qui sont baptisés dans la nuit de Pâques. Il serait tout aussi naturel que les tout-petits le soient également. Mais on ne va pas attendre un an pour baptiser un bébé né en avril ou en mai ! C'est pourquoi les baptêmes d'enfants ont lieu un dimanche qui est le jour « mémorial » du salut apporté par Jésus ressuscité. Tout le reste est accommodement... et il vaut mieux le savoir.

Sans vouloir figer les choses, il apparaît bénéfique de proposer de plus en plus aux familles de célébrer les baptêmes entre Pâques et Pentecôte, pour relier davantage à la dynamique de toute l'Église ces fêtes familiales.

Rite et rituel

Le baptême n'est pas célébré de façon improvisée, au gré des goûts du célébrant et des aspirations des familles. Le baptême, qui est par excellence le sacrement d'entrée dans la vie chrétienne, est défini par un certain nombre de rites (gestes et paroles) dont l'ensemble constitue ce que l'on appelle le rituel. Il en est de même pour tous les autres sacrements par lesquels l'Église communique l'unique trésor qui lui a été confié : le Christ mort et ressuscité pour le salut des hommes.

Ces rites, exprimés par des gestes et des paroles spécifiques, rendent présent le mystère pascal que la liturgie célèbre, la mort et la résurrection du Christ, et communiquent à ceux qui les reçoivent les dons que le Seigneur ne cesse de faire aux hommes. Il s'agit de signifier de manière publique l'action salvifique de Dieu aujourd'hui et maintenant. Le Christ ressuscité est avec nous « pour toujours jusqu'à la fin du monde » (Matthieu 28, 20).

La raison profonde du rituel est bien cette volonté de manifester que Dieu est l'acteur principal. Cela ne veut pas dire que les rites sont figés et que les ministres des sacrements sont des « robots », mais que ces derniers agissent comme médiateurs et serviteurs de Dieu. C'est là toute la beauté de cette dépossession, qui n'est pas abandon d'une liberté mais au contraire libre obéissance à l'action de Dieu.

Les effets de la liturgie et des sacrements ne se mesurent pas à ce qui est ressenti et ne dépendent pas des « trouvailles » dans l'animation d'une célébration. Pour autant, la beauté d'une célébration et la qualité de présence des différents participants contribuent grandement à promouvoir le sens de ce qui est célébré. Il y a tout un art de célébrer mais cet art est toujours au service du mystère qu'il célèbre.

Est-il opportun qu'il y ait plusieurs baptêmes célébrés ensemble ?

Oui, car le sens profond du baptême est alors mieux mis en lumière. Veillons seulement à ce que cela n'aboutisse pas à former de grands groupes ingérables !

Le déroulement de la célébration

L'accueil

Ce premier temps a souvent lieu au seuil de l'église. C'est là le lieu normal pour être accueilli. La porte, c'est le Christ lui-même : « Je suis la porte. Si quelqu'un entre par moi, il sera sauvé ; il entrera et sortira, et trouvera un pâturage » (Jean 10, 9).

Le prêtre ou le diacre interroge les parents :
Quel nom avez-vous choisi pour votre enfant ?
Les parents : **N.**
Le prêtre ou le diacre :
Que demandez-vous à l'Église de Dieu ?
Les parents : **Le baptême.**

Ces deux questions, par leur solennité, montrent bien l'importance d'une demande de baptême où s'exerce pleinement la liberté humaine. Si ce sont les parents qui répondent pour les tout-petits, il va de soi que, dès que cela devient possible, c'est l'intéressé lui-même qui le fait.

Le choix de prénoms

La coutume qui consiste à reprendre le prénom du parrain ou de la marraine dans le prénom du filleul indique bien cette solidarité qui n'est autre que celle de la communion des saints. Songez aux magnifiques vitraux de la cathédrale de Chartres qui montrent les évangélistes sur les épaules des prophètes : saint Luc sur les épaules de Jérémie, saint Matthieu sur celles d'Isaïe, saint Jean sur celles d'Ézéchiel, saint Marc sur celles de Daniel. N'est-ce pas une invitation à ne pas trop s'éloigner des références chrétiennes dans le choix des prénoms pour les enfants qui reçoivent le baptême chrétien ? L'usage qui prévoit que les catéchumènes adultes ajoutent au moment du baptême un prénom chrétien à leur prénom originaire d'une autre tradition culturelle ou religieuse est là aussi riche d'enseignement. « Les familles chrétiennes doivent se sentir invitées à ne pas abandonner la pratique de donner à leurs enfants des prénoms qui témoignent de leur appartenance au Christ » (Père Christian Delorme, Le Pèlerin, *n° 6371, 6 janvier 2005). Nommer, c'est aimer et faire exister !*

L'ENGAGEMENT

Ce premier dialogue est suivi d'une intervention des parents indiquant qu'ils sont déterminés à aider leur enfant sur le chemin de la découverte de la foi ; les baptisés adultes expriment personnellement leur adhésion. Cet engagement doit être clair et librement décidé. Les parents peuvent d'ailleurs dire un petit mot qu'ils auront préparé pour exprimer le sens de leur engagement : « Oui, nous nous engageons à faire découvrir à notre enfant l'amour de Dieu, par la prière en famille, en le faisant participer au groupe d'éveil à la foi de notre paroisse, en l'inscrivant au catéchisme le moment venu, et en l'accompagnant dans sa découverte du monde, de ceux qui l'entourent... »

À ce moment de la célébration, les parrains et marraines ont aussi un rôle essentiel. Il est bon qu'ils prennent la parole pour exprimer clairement leur soutien à la démarche des parents. Se mesure concrètement ici toute l'importance à choisir un parrain et une marraine « qui y croient ». Ils représentent l'Église qui donne son accord à la célébration du baptême : « Oui, nous soutiendrons les parents dans l'éducation chrétienne de cet enfant. »

LE SIGNE DE LA CROIX

Puis le prêtre ou le diacre trace sur le front de l'enfant le signe de croix en disant :

« N., la communauté chrétienne t'accueille avec joie.
En son nom, je te marque du signe de la croix, le signe du Christ, notre Sauveur. »

Les proches sont ensuite invités à tracer eux aussi le signe de la croix sur le front de l'enfant : ses parents, son parrain, sa marraine, quelquefois aussi des grands-parents, le grand frère ou la grande sœur s'ils sont en âge de comprendre et, s'ils sont présents, les membres de l'équipe de préparation au baptême. On est vraiment dans un moment fort de transmission.

Dans le cas des baptêmes d'adultes, la « signation » (c'est le nom donné à ce geste) prend place lors de la célébration d'entrée en catéchuménat. Celle-ci peut donner lieu à une célébration spéciale, discrète

Le prêtre ou le diacre trace sur le front de l'enfant le signe de la croix.

mais rassemblant quand même quelques membres de la communauté, ou se dérouler au début de la messe dominicale. Cette seconde disposition a l'avantage d'associer la communauté au cheminement engagé par le candidat au baptême et de lui permettre de prier pour lui. Le nouveau venu avance de façon moins confidentielle, moins anonyme... Le premier pas est fait.

Signe de croix, signe de vie

Pour se reconnaître, les premiers chrétiens utilisaient le signe du poisson qui, dans sa transcription grecque (ICHTUS), était l'anagramme de « Jésus Christ Fils de Dieu Sauveur ». Pourquoi est-ce le signe de croix, renvoyant à la douleur de la mort de Jésus, qui est devenu ensuite signe de reconnaissance de la communauté ? Il faut se souvenir que la toute première annonce de l'Évangile proclamait, par la bouche de saint Pierre, la mort et la résurrection de Jésus. Dans la foi chrétienne, la mort et la résurrection du Christ sont toujours indissociables. Jésus nous a aimés jusqu'à donner sa vie pour nous, Dieu son Père l'a ressuscité par la puissance de l'Esprit. Pris dans ce don absolu de l'amour, le chrétien découvre le sens « complet » de la croix. La mort n'a pas le dernier mot, de la croix jaillit la vie.

Faisant ce geste qui enveloppe tout le corps, nous disons dans un même mouvement notre foi « au nom du Père et du Fils et du Saint-Esprit », nous disons le cœur de la foi et en quelque sorte une prière.

La liturgie de la Parole

Pour ce deuxième temps, le célébrant invite tous les participants à entrer dans l'église et à se regrouper autour du lieu où seront lus les textes de la parole de Dieu. Habituellement, ces lectures se font à l'ambon, ce petit pupitre ou lutrin installé à proximité de l'autel.

Toute liturgie comporte un temps d'écoute de la parole de Dieu et celle du baptême ne fait pas exception. En effet, comment croire en Jésus Christ si on ignore ce qu'il dit et ce qu'il fait ? Comment croire en Dieu Créateur et Père si on ne sait rien de son projet pour l'homme ? Comment croire en l'Esprit s'il reste une idée vague et inconsistante sans lien avec l'histoire du salut ? Pour les chrétiens, la Bible n'est pas un gros livre inaccessible, elle est la parole de Dieu, ce trésor permanent où ils découvrent le fondement de leur existence. C'est ce qui explique la place que tient dans nos célébrations la lecture biblique, et en priorité celle de l'Évangile.

Écouter et se convertir

L'enjeu de l'écoute de la Parole, c'est la conversion. Mettre notre intelligence, notre volonté, notre cœur en action pour en vivre, voilà les fruits d'une écoute attentive et vraie. Accueillir la Bonne Nouvelle pour nos vies, c'est reconnaître ces vérités simples, source d'émerveillement inépuisable :

> Nous sommes aimés, infiniment, chacun et tous ensemble par Dieu notre Père.
> Nous sommes sauvés par le Christ, mort pour nos péchés et ressuscité pour nous donner sa vie.
> Nous sommes engagés, dès à présent, dans la vie éternelle, une vie véritable, filiale et fraternelle.

Quels textes choisir ?

Il n'est pas facile pour des familles peu familiarisées avec la parole de Dieu de faire des choix parmi les textes que l'on peut utiliser pour un baptême. Celles-ci pourront être aidées par le prêtre et les animateurs de la préparation au baptême ; ce sera souvent l'occasion d'une découverte, d'une première approche.

Mais les parents peuvent aussi se laisser guider par le temps liturgique et reprendre, tout simplement, l'Évangile du dimanche. Se laisser conduire à la source du baptême par l'Église et par la parole de Dieu proclamée ce dimanche correspond peut-être mieux à la dynamique profonde de ce qui est célébré.

Le parrain et la marraine, surtout s'ils ont participé à la préparation au baptême, peuvent apporter leur point de vue. Voici pour les éclairer quelques propositions de textes, à méditer personnellement et, pourquoi pas, à proposer pour le jour du baptême : Jean 3, 1-6 ; 4, 5-14 ; 7, 37-39.

Dans le cas des baptêmes d'adultes, les textes sont ceux de la vigile pascale qui retracent toute l'histoire du salut depuis la Création jusqu'à la résurrection du Christ. D'ailleurs, tous les textes des célébrations de baptême s'inscrivent dans ce même mouvement.

La liturgie du baptême comporte un temps d'écoute de la parole de Dieu, ce trésor permanent où les chrétiens découvrent le fondement de leur existence.

Qui lit les textes ?

L'Évangile est lu par le prêtre ou le diacre. Les autres lectures peuvent être confiées au parrain ou à la marraine, qui auront à cœur de s'y préparer et de proclamer le texte de la parole de Dieu de façon très audible. Après la lecture de l'Évangile, le ministre du baptême prend le temps d'éclairer par une brève homélie le sens des textes choisis.

Prière commune de l'assemblée

Ce moment se déroule en deux temps. Une première prière reprend la structure de la litanie des saints chantée par l'assemblée à la veillée pascale avant la bénédiction de l'eau. Toujours très belle et riche de sens, elle invoque la multitude des saints qui, de siècle en siècle, ont rendu témoignage de leur foi et portent auprès de Dieu la prière des fidèles.

C'est l'Église du ciel et de la terre, d'hier et d'aujourd'hui qui est en prière au moment de ce baptême. Concrètement, il faut choisir les saints que l'on souhaite invoquer, en plus de la Vierge Marie, de saint

Joseph, de saint Jean Baptiste, des apôtres et du saint patron de l'église où a lieu le baptême. On peut invoquer bien sûr le saint patron des enfants baptisés, mais aussi celui des membres de leurs familles, de leurs parrains et marraines...

Ce moment se poursuit par une prière qui porte des intentions plus personnelles. Elle mentionne les baptisés, leur famille, l'assemblée présente mais peut aussi s'élargir aux dimensions de l'Église universelle et du monde. Il s'agit ici d'exprimer à Dieu une prière de remerciement, de louange ou de demande qui met en lumière ce que l'on porte en soi, comme désirs, attentes profondes, joie, espérance... Pour autant, cette prière ne doit pas être improvisée, mais doit être rédigée avant la célébration. Le parrain et la marraine peuvent être sollicités pour cela et faire eux-mêmes la lecture.

Dans le cas des baptêmes d'adultes ou de jeunes, cette étape de la transmission de la parole de Dieu accompagne la signation. C'est d'ailleurs à ce moment qu'ils reçoivent le livre lui-même (un Nouveau Testament ou une Bible complète). Cette étape marque leur décision de se mettre résolument à l'écoute de la parole de Dieu pour que l'Esprit travaille dans leur cœur et leur ouvre l'intelligence des Écritures afin que leur vie en soit peu à peu transformée.

Pour ces adultes, une première réponse s'est exprimée le jour de l'appel décisif, lorsque l'évêque de leur diocèse les a appelés et qu'ils ont répondu : « Me voici. » Ce jour-là, au début du carême, ils donnent leur nom pour suivre le Christ. C'est leur réponse en acte à ce Dieu d'amour qui le premier les appelle. À ce moment essentiel, la présence du parrain et de la marraine est requise. L'évêque les interroge en leur demandant de témoigner : « Devant Dieu, pensez-vous que ces candidats peuvent être admis aux sacrements de l'initiation chrétienne ? » (*Rituel d'initiation chrétienne des adultes*, n° 130 et 131.)

Les parrains et marraines sont là aussi au moment où les candidats inscrivent leur nom. Ils représentent à cet instant la communauté qui accueille de nouveaux membres et s'engage à les accompagner dans la foi.

Où baptiser ?

Dans un baptême, le lieu compte beaucoup ! Deux des quatre parties de la célébration du baptême sont désignées par le lieu où ces parties se déroulent : au baptistère, à l'autel.
Autrefois et en raison d'une forte moralité infantile, il n'était pas rare que des baptêmes soient célébrés dans les maternités ou même à la maison. Aujourd'hui, il est clairement rappelé que l'église paroissiale est le lieu habituel de la célébration des baptêmes.
La raison en est le désir de manifester avec force le baptême comme sacrement de la foi de l'Église et de l'agrégation au Peuple de Dieu (Notes doctrinales et pastorales du Rituel du baptême des petits enfants, *n° 45).*
Il est important que ce lieu soit beau et propre, permettant de conserver en honneur le cierge pascal (en dehors du temps pascal) et le saint-chrême. Dans la période récente, la restauration de bien des églises a permis de mettre en valeur le baptistère ou la cuve baptismale, parfois en créant un nouvel espace dans l'église. La beauté de ces lieux compte beaucoup pour aider les participants à entrer dans l'intelligence de ce qui s'y déroule.

Au baptistère

Nouveau déplacement ! Nous allons maintenant vers le baptistère. Son emplacement est variable selon les églises. Il peut se trouver soit à l'entrée, soit à la croisée du transept, soit avoir été placé pour l'occasion au pied de l'autel.

C'est au cours de ce troisième temps que vont se dérouler les rites centraux du baptême.

LA BÉNÉDICTION DE L'EAU

Par une prière qui rappelle l'histoire du salut depuis les origines jusqu'à l'événement pascal, le prêtre ou le diacre invoque la présence de Dieu sur cette eau. Après cette bénédiction, et autour du baptistère, l'assemblée est invitée à professer sa foi et à dire solennellement non au mal et oui à l'amour de Dieu.

L'eau

Pourquoi est-elle l'élément essentiel pour le baptême ?
On sait combien l'eau est nécessaire pour la vie, pour boire, se laver, arroser, irriguer... Il est donc normal qu'elle soit le signe de cette vie nouvelle donnée au baptisé. Mais on sait aussi qu'elle est dangereuse, qu'elle tue, noie, submerge. Cela, la Bible le porte depuis des millénaires, depuis ce fameux Déluge et, surtout, depuis cette grande traversée de la Mer où le peuple de Dieu faillit être englouti (Exode 14). Mais Dieu l'a sauvé des eaux de la mort et ce que Dieu a fait, il continue de le faire en son Fils Jésus qui nous sauve de la plus terrible des morts : le péché.
Plonger dans l'eau baptismale, c'est donc participer à la mort et à la résurrection du Christ ; c'est passer avec le Christ de la mort à la vie ; c'est mourir avec lui, être mis au tombeau avec lui, pour renaître avec lui à la vie nouvelle des enfants de Dieu.
« Nous avons été ensevelis avec lui par le baptême dans la mort, afin que, comme le Christ est ressuscité des morts par la gloire du Père, nous vivions nous aussi, dans une vie nouvelle » (Épître aux Romains 6, 4).

La renonciation au mal

Ce n'est pas la partie du baptême la plus facile à comprendre. Combien de jeunes parents déclarent : « Mais nous ne sommes pas mauvais ! Et puis vous n'allez quand même pas nous parler de Satan ! » C'est pourquoi il est important d'en parler, avant la célébration, lors de la préparation.

Le rite correspondant prévu pour les adultes sur le chemin du baptême est éclairant : il s'agit des « scrutins », dont le but est de faire apparaître dans le cœur de ceux qui sont appelés ce qu'il y a de faible, de malade et de mauvais, pour le guérir, et ce qu'il y a de bien, de bon et de sain, pour l'affermir.

Dans le cas du baptême des petits enfants, c'est aux parents et au parrain et à la marraine de l'enfant que le ministre du sacrement va s'adresser. En effet, comment un tout-petit pourra « savoir » ce qui est conforme à l'amour de Dieu et ce qui ne l'est pas si ceux qui lui ont donné la vie ne vivent pas eux-mêmes de ces réalités.

L'eau du baptême coule, court, elle est mouvement et dynamisme, elle est l'eau de la vie.

Ce qui est le plus originel en nous, c'est l'amour, l'amour dont le Père nous aime, l'amour répandu par Jésus donnant sa vie et nous communiquant son Esprit. Il n'empêche, cet amour rencontre en nous des résistances, des refus. C'est pourquoi il faut oser parler, avec l'Église, du « péché originel », cette déviation dans laquelle notre liberté est comme capturée par l'esprit du mal, le « Satan », adversaire de la vie de l'homme. Devenu prisonnier, avec cet effet pervers qui fait qu'il ne se rend plus compte qu'il est prisonnier, l'homme risque de s'enliser dans le mal, confondant bien et mal et ne voyant plus à quelle liberté il est appelé.

La bonne nouvelle de Jésus est justement de nous rendre cette liberté filiale en nous permettant :

– de nous reconnaître pécheurs : non pas irrémédiablement mauvais, mais complices du mal en nous et dans le monde,

– et en même temps de nous reconnaître capables, avec la grâce de Dieu, de rejeter avec confiance tout ce qui conduit au mal et de choisir de faire ce qui est bien.

Si nous avons des idées claires et saines sur le sujet, cette renonciation au mal nous apparaîtra comme la seule voie qui nous permette de vivre à plein notre vie d'enfant de Dieu et de soutenir notre enfant ou notre filleul.

Voici le dialogue entre le ministre et les parents, le parrain et la marraine :

Pour vivre dans la liberté des enfants de Dieu, rejetez-vous le péché ?
Parents et parrains : ***Oui je le rejette.***

Pour échapper à l'emprise du péché, rejetez-vous ce qui conduit au mal ?
Parents et parrains : ***Oui je le rejette.***

Pour suivre Jésus, le Christ, rejetez-vous Satan qui est l'auteur du péché ?
Parents et parrains : ***Oui je le rejette.***

LA PROFESSION DE FOI

Ce dialogue se poursuit par la profession de foi.

Croyez-vous en Dieu, le Père tout-puissant, créateur du ciel et de la terre ?
Parents et parrains : ***Je crois.***

Croyez-vous en Jésus Christ, son Fils unique, notre Seigneur, qui est né de la Vierge Marie, a souffert la Passion, a été enseveli, est ressuscité d'entre les morts, et qui est assis à la droite du Père ?
Parents et parrains : ***Je crois.***

Croyez-vous en l'Esprit Saint, à la sainte Église catholique, à la communion des saints, à la résurrection de la chair, à la vie éternelle ?
Parents et parrains : ***Je crois.***

La symétrie des trois questions fait clairement apparaître qu'une fois libéré de toute entrave, le croyant peut avec une intensité et une force renouvelées répondre avec la certitude que donne la foi : « Je crois. »

Pour les adultes, le credo baptismal est précédé de deux étapes, qui sont comme une progression jusqu'à l'affirmation pleine et entière de leur foi : « Je crois. » Il y a d'abord la profession de foi que l'Église transmet elle-même aux catéchumènes au cours de leur cheminement : transmise, c'est-à-dire proclamée devant eux avec force et conviction, puis explicitée, commentée... Cette étape est appelée *Traditio symboli*, ce qui signifie Transmission du Symbole (des Apôtres) (cf. page 27).

Ensuite, quelques jours avant Pâques, il leur est demandé de redire cette profession de foi qu'ils ont apprise par cœur, par le cœur et gravée dans leur mémoire comme étant la règle de leur foi, leur repère et le signe de reconnaissance avec tous les autres croyants (cf. page 29). Ils n'ont pas encore tout compris, tout assimilé, mais leur confiance en Dieu a grandi assez pour qu'ils s'abandonnent, avec toute leur intelligence et leur cœur, à cette foi de l'Église : cette étape s'appelle *Redditio symboli*, ce qui signifie Restitution du Symbole. Ils sont désormais capables eux aussi de « restituer », c'est-à-dire de proclamer à leur tour la foi de l'Église.

Enfin, dans la nuit de Pâques, vient le moment de la profession de foi proprement dite, après la renonciation au mal et juste avant de recevoir le rite d'eau.

Le rite baptismal

Ablution ? Immersion ? Aux premiers siècles de l'Église, les adultes descendaient dans la piscine baptismale pour y être plongés tout entiers : cette pratique permettait d'exprimer clairement que l'on descend dans la mort avec le Christ pour renaître avec lui à la vie et à la lumière.

« Je te baptise au nom du Père, et du Fils, et du Saint-Esprit. »

Aujourd'hui, c'est plus souvent le rite d'ablution (ou infusion) qui est pratiqué : à trois reprises, le célébrant verse de l'eau sur la tête du candidat au baptême en prononçant ces paroles :

N..., je te baptise au nom du Père, et du Fils, et du Saint-Esprit.

En ce qui concerne les tout-petits, il n'y a pas de règle quant à la personne qui porte l'enfant sur les fonts baptismaux – mère, père, marraine... – ou le reçoit après son baptême. Il arrive que le célébrant élève lui-même l'enfant assez haut pour que tout le monde le voit aussitôt après le rite d'eau, en accompagnant ce geste d'une acclamation, un *alléluia* par exemple. On peut voir dans ce geste la signification de ce qui vient de se passer : « Cet enfant qui est bien le vôtre, à vous les parents, il est aussi, et même d'abord, enfant de Dieu. »

En acceptant de « lâcher » leur enfant quelques instants au moment même de son baptême, de ne pas aussitôt chercher à l'entourer et à essuyer l'eau qui a coulé sur son visage, les parents reconnaissent que leur rôle n'est pas de le garder pour eux, mais de l'aider à grandir et à être membre à part entière de l'Église qui l'accueille.

Les fonts baptismaux

Remarquez l'orthographe du premier mot. Elle vient de « fontaine ». Cela nous renvoie à l'idée d'une eau courante, jaillissante... Tout le contraire d'une eau stagnante et immobile, l'eau du baptême coule, court, elle est mouvement et dynamisme, elle est l'eau de la vie. Jésus ne parle-t-il pas de l'eau vive en parlant de lui-même (Jean 4, 10) ?

Quant aux enfants d'âge scolaire ou aux adolescents, pourquoi ne pas leur proposer de lever les mains, comme en signe de victoire, pour marquer le moment du baptême, une manière de traduire avec tout l'être, y compris le corps, ce passage avec le Christ vainqueur de la mort ?

Le baptisé lève la tête pour laisser l'eau de la vie ruisseler sur lui, dans l'allégresse.

Le parrain et la marraine se tiennent là, tout près, en vertu de la mission spirituelle qu'ils ont acceptée. Ils posent la main sur celui que l'on baptise (*Rituel d'initiation chrétienne des adultes*, n° 221).

Poser la main droite sur l'épaule de son filleul, c'est manifester de façon tangible ce nouveau lien créé dans le baptême, et qui pourrait s'exprimer ainsi : « Je suis heureux de te soutenir dans la foi et l'amitié au moment où tu es plongé dans la mort et la résurrection du Christ. Je t'aiderai à avancer avec confiance dans cette vie nouvelle qui jaillit en toi, je serai avec toi pour les combats inévitables que tu auras à mener, je te signifie la proximité, la tendresse et la fidélité de Dieu à ton égard pour toute ta vie. »

L'Esprit est donné, il reste à l'accueillir pleinement dans toute une existence qui devient « consacrée ».

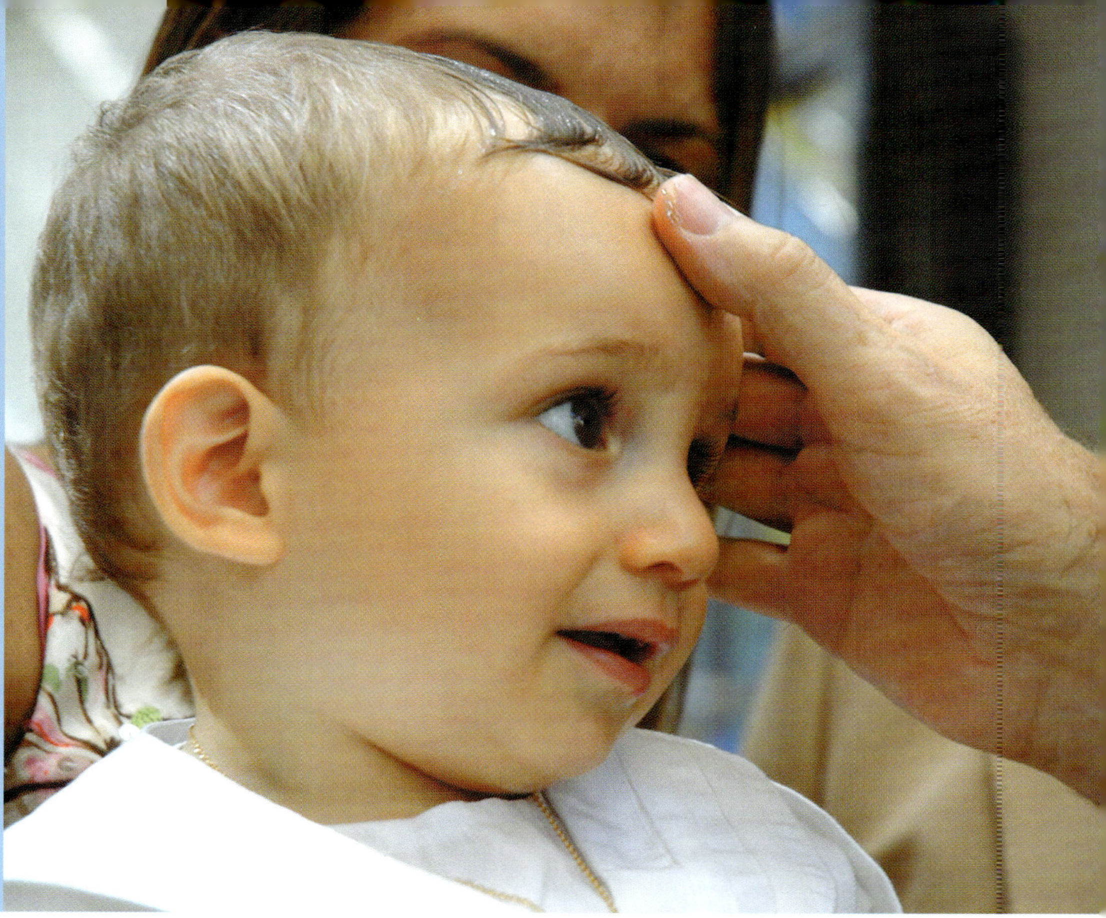

Le saint-chrême

L'huile parfumée consacrée par l'évêque quelques jours avant Pâques (au cours de la messe chrismale précisément) symbolise l'Esprit qui pénètre dans le nouveau baptisé.

Pour les petits enfants, cette onction postbaptismale est comme une annonce : tout est déjà donné, mais tout est à déployer. L'Esprit est donné, il reste à l'accueillir pleinement dans toute une existence qui devient « consacrée ».

Les trois titres donnés avant l'onction le sont en référence au Christ :
Tu es uni au Christ Prêtre, pour louer Dieu et t'offrir à lui dans toute ta personne.
Tu es uni au Christ Prophète, pour parler de lui et l'annoncer.
Tu es uni au Christ Roi, pour construire avec son Esprit un royaume de justice, de paix et d'amour.

Le vêtement blanc

Ce vêtement blanc a connu bien des gloires du temps des robes de baptême chères à nos grand-mères et arrière-grand-mères ! Dans certaines familles, cette tradition continue à se transmettre de génération en génération.

Mais quel qu'il soit – hérité de nos grand-mères ou plus banalement acheté dans une boutique de prêt-à-porter ! –, le rituel indique bien que ce vêtement est remis au baptisé, par la marraine, après le baptême comme signe de la création nouvelle qu'il est devenu. On se souviendra que Jésus, au moment de la Transfiguration, dans une sorte d'anticipation de sa résurrection, fut revêtu d'un vêtement d'une blancheur éclatante. Le sens du vêtement blanc est très clairement lié à la résurrection à laquelle désormais le nouveau baptisé aura part.

Il est donc préférable que l'enfant soit revêtu d'un petit vêtement blanc après son baptême et non avant. De plus, le vêtement est vraiment ce qui enveloppe le corps. Le nouveau baptisé est enveloppé de la tendresse de Dieu ; il a, selon l'expression de saint Paul, « revêtu l'Homme nouveau », c'est-à-dire le Christ (Éphésiens 4, 24).

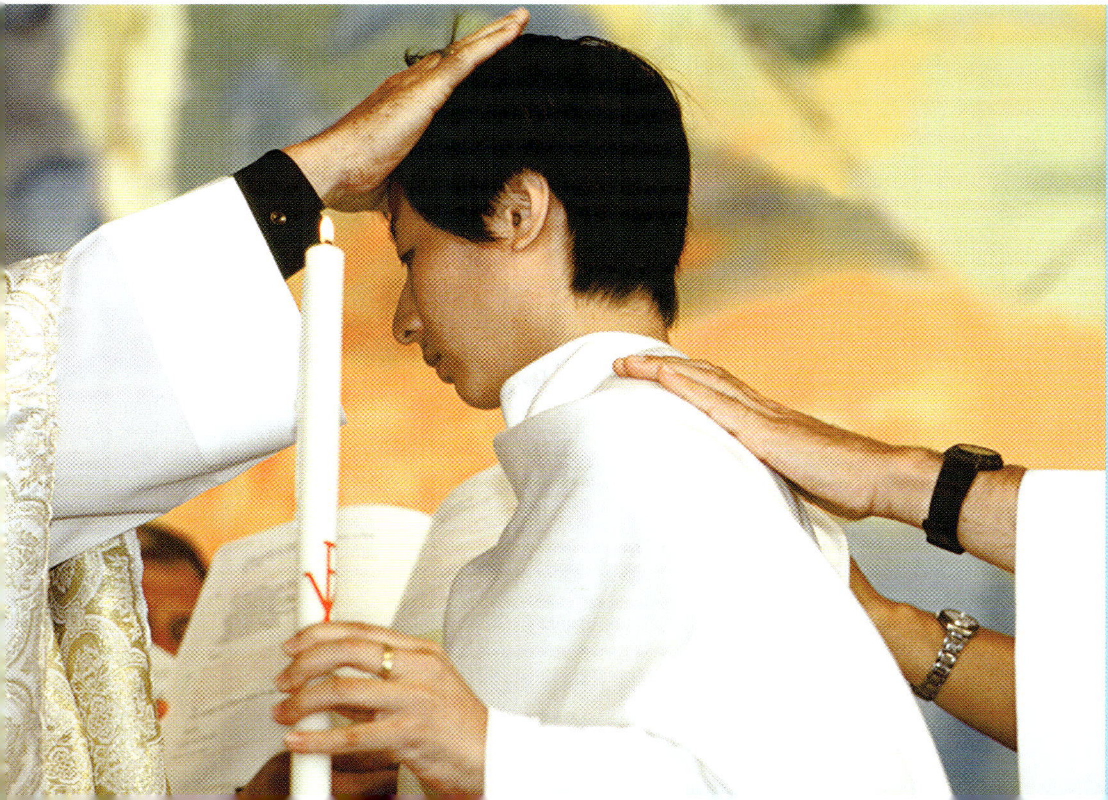

Poser la main sur l'épaule de son filleul, c'est manifester de façon tangible le nouveau lien créé dans le baptême.

Les parrains sont comme des relais de la lumière même du Christ.

Le rite de la lumière

Le rite de la lumière est lui aussi fortement lié à la présence du Christ ressuscité en ce nouvel être régénéré par le baptême.

Le prêtre confie le plus souvent au parrain ce geste de transmission de la lumière. Celui-ci allume son cierge au cierge pascal et vient comme en éclairer le nouveau baptisé.

Ce geste de transmission de la lumière permet au parrainage de s'exprimer de façon très visible. Les parrains allument les premiers leur cierge au cierge pascal pour transmettre cette lumière aux nouveaux baptisés. Ils sont comme des relais de la lumière même du Christ. Ils jouent pour leur filleul le rôle de médiateurs.

Ils auront à guider leur filleul dans son chemin de vie chrétienne, pour que la lumière du Christ l'illumine de plus en plus. Il y aura des zones de ténèbres à franchir, inévitablement, mais l'assemblée prie pour que, même dans l'obscurité, le baptisé sache où rechercher la lumière : dans le Christ lui-même.

À l'autel

Encore un déplacement ! Tout va se passer maintenant autour de l'autel. Parce que l'autel est le lieu central d'une église, le lieu où est célébré à chaque messe le mémorial du sacrifice du Christ, le lieu où il se rend présent sous la forme du pain et du vin devenus son Corps et son Sang, le lieu où en communiant nous recevons sa vie, le lieu enfin où il nous donne sa paix pour la communiquer autour de nous. Il est donc hautement symbolique que la dernière partie de la célébration d'un baptême se passe autour de l'autel, même si le jeune baptisé ne reçoit pas encore l'eucharistie. Quant aux nouveaux baptisés adultes, ils vont participer quelques instants plus tard au repas du Seigneur avec toute l'assemblée.

Notre Père

Tous les participants sont ensuite invités à dire la prière des enfants de Dieu : le *Notre Père*, prière filiale par excellence. Ce sera la première prière apprise, celle à laquelle on reviendra sans cesse, le repère essentiel pour toute la vie de prière, car elle est la prière que Jésus nous a transmise : « Vous donc priez ainsi : "Notre Père qui es aux cieux..." » (Matthieu 6, 9).

Si le baptême est célébré au cours de l'eucharistie, on peut reprendre un geste qui est toujours en usage en Afrique, le geste de l'offrande de l'enfant au moment de la présentation des dons : les parents élèvent leur enfant quand le prêtre élève le pain – « Cet enfant que tu nous as confié, Seigneur, nous te l'offrons, c'est notre enfant, mais bien plus réellement encore ton enfant, dont toute la vie est appelée à devenir offrande avec le Christ ». L'expérience montre que ce geste a un fort retentissement dans le cœur des parents ! Ce qui se passe sur l'autel ne nous est pas extérieur : c'est toute l'assemblée qui va devenir Corps du Christ.

Avec les néophytes, les parrains et marraines sont mentionnés dans une des intercessions de la prière eucharistique : « Souviens-toi des parrains et marraines qui vont accueillir dans ta famille ceux que tu as appelés au baptême... »

Vers Marie

La tradition qui veut que l'on se tourne vers Marie à la fin de la célébration d'un baptême est aussi riche de sens.

Marie est la « première en chemin » comme le dit un chant, et elle nous accompagne sur nos chemins de foi, chemins de vie, chemins de croix et d'espérance. À la crèche, au pied de la croix comme avec les apôtres au cénacle, elle nous montre le chemin. Comme à Cana, elle nous invite : « Faites tout ce qu'il vous dira ! » (Jean 2, 5). Et avec saint Jean, nous recevons Marie pour mère (Jean 19, 27).

Dans le baptême des petits enfants, la bénédiction finale prend en compte de manière spéciale la maman et le papa, ainsi que toute l'assemblée présente. Participer à un baptême n'est jamais neutre, on y reçoit à nouveau sa vocation baptismale. Tout chrétien devrait se demander depuis combien de temps il n'a pas participé à un baptême et, le cas échéant, se souvenir que c'est une belle occasion de replonger dans la fraîcheur de son propre baptême !

Les médailles ou les croix offertes ce jour-là sont bénies également. Elles seront le rappel de ce jour, et plus encore de cette grâce de chaque jour, pour que le baptisé apprenne à dire non pas : « J'ai été baptisé le... », mais : « Je suis baptisé, et mon baptême est cette source dans laquelle je me laisse entraîner chaque jour ».

La signature des registres

Lors de la signature des registres, le parrain et la marraine signent à côté des parents si l'enfant est tout petit. Pour un adulte baptisé, la signature du parrain et de la marraine est requise alors qu'aucune signature d'une personne ayant un lien familial n'est demandée.

Si une personne a été admise comme témoin et non comme parrain ou marraine (cf. page 33), elle signera sur un emplacement réservé mais non en lieu et place des parrain et marraine.

Les dragées

Ce sont souvent les parrains et marraines qui offrent les dragées. Que se cache-t-il derrière cette coutume dont les origines semblent bien oubliées ?

Dans les premiers siècles (selon le témoignage de saint Hippolyte, IIIe siècle), pendant la nuit pascale, l'évêque bénit une coupe contenant du lait et du miel et la tend aux nouveaux baptisés. Plusieurs significations se combinent. Le miel et le lait sont symboles de la terre promise, pays « où coulent le lait et le miel » (Deutéronome 6, 3), ils sont aussi la première nourriture des enfants avant qu'ils prennent une nourriture solide (1 Pierre 2, 2 et 1 Corinthiens 3, 2). Quant aux amandes, elles sont symboles d'éclosion, de printemps.

Cette tradition est donc riche de sens : les nouveaux baptisés sont comme arrivés dans la terre promise, Dieu a tenu sa promesse ; nouveau-nés dans la foi, ils sont encore fragiles, et ils prendront progressivement des nourritures plus solides.

Tout au long de la vie, la relation entre un parrain et son filleul se déploie comme un lien qui déborde de la vie terrestre. On est parrain ou marraine pour la vie éternelle !

PARRAINS ET MARRAINES POUR LA VIE

Un lien privilégié à construire

Accepter d'être parrain ou marraine dépasse largement le cadre de la célébration du baptême, en dépit de toute l'importance de cet événement. Car l'engagement affirmé ce jour-là n'a de sens que s'il est poursuivi dans le temps. Accepter d'être parraine ou marraine, c'est vouloir construire une relation privilégiée avec son filleul pour un bon nombre d'années, si ce n'est pour toute une vie.

Dans la durée

Cela ne se fait pas en un jour, cela demande du temps et de la patience. Le parrain et la marraine s'engagent à cheminer au fil des ans avec leur filleul, accompagnant leur croissance humaine et spirituelle. Prenez le temps de mesurer ce que cela représente. En reprenant l'expression de Tertullien qui disait qu'on ne naît pas chrétien mais qu'on le devient, on pourrait dire qu'on n'est pas parrain et marraine d'emblée, mais qu'on le devient peu à peu, en exerçant dans le concret et la fidélité cette belle responsabilité.

À partir de ce qui est donné au départ, il faut vouloir « habiter » cette relation, la nourrir pour qu'elle soit belle et pleine de sens pour chacun des partenaires. Vous avez à recevoir votre filleul : vous ne l'avez pas choisi et vous n'avez jamais imaginé qu'il vous choisirait.

Un tiers – ses parents si c'est un tout-petit, son accompagnateur s'il est adulte – vous a mis en relation. Comment allez-vous façonner cette relation ?

Songez que votre filleul doit lui aussi investir ce lien, lui qui, nouveau-né, ne vous a pas « choisi » et qui, devenu plus grand, ne perçoit pas forcément d'emblée les raisons du choix de ses parents, ou qui, même dans le cas d'un baptême d'adulte, ne perçoit peut-être pas très clairement les raisons de son propre choix et peut ressentir des difficultés à se sentir filleul.

Néanmoins, de part et d'autre, chacun pressent que ce lien est porteur de beaucoup de dimensions symboliques. Ce lien d'humanité est marqué à l'origine d'une particularité. Et dans la foi, quelque chose est en germe, en attente... Qu'allez-vous en faire ?

Témoignage : Grégoire
« Parrain ? Un rôle unique ! »

« Ma filleule Marie (3 ans) m'a dit lors de notre dernière rencontre : "Y a que toi qu'es mon parrain !" Cette remarque est pleine de (bon) sens. Je crois qu'elle met bien en évidence à quel point le rôle de parrain est unique. En fait, être parrain est une mission unique à double titre.

Du point de vue du filleul, ce qui a touché Marie, c'est d'abord le caractère exclusif de son parrain. Contrairement à ses parents, elle n'a pas à le partager avec ses frères et sœurs ! À la réflexion, je crois que cela n'est pas anodin. Chaque enfant a besoin d'une personne qui puisse représenter une référence de confiance tout en étant hors du strict cadre familial. Or, pour accomplir ce rôle délicat, le parrain doit impérativement établir une relation privilégiée avec son filleul. Cela passe par une disponibilité réelle et gratuite : par exemple, en passant du temps avec lui pour l'écouter, pour s'intéresser à ses activités. Personnellement, je m'organise pour rencontrer au moins deux fois par an chacun de mes filleuls. Si un tel espace de confiance est établi, le parrain sera un bon conseiller tant sur le plan spirituel que sur le plan simplement humain.

Du point de vue du parrain, il n'y a pas nécessairement de caractère d'unicité. Je connais certaines personnes qui ont de nombreux filleuls. Néanmoins, le fait d'être parrain garde un caractère unique au niveau de la responsabilité. Pour l'Église, le parrain (ou la marraine) a pour mission "d'aider le baptisé, enfant ou adulte sur son chemin dans la vie chrétienne" (Catéchisme de l'Église catholique, *n° 1255). Cette responsabilité nous est certes confiée par les parents, mais peut-être plus encore par le Seigneur lui-même. Autrement dit, le parrain doit aider son filleul à devenir une personne chrétienne. L'aspect personnel est l'exigence d'un rôle d'éducateur d'un point de vue humain. L'aspect chrétien exige du parrain d'avoir un chemin spirituel personnel. Que dire d'un aveugle qui guiderait un autre aveugle ?*
Être parrain est donc une mission doublement unique : rôle exclusif et privilégié vis-à-vis du filleul, responsabilité unique aux yeux de Dieu. Être parrain est une véritable vocation, un appel à la joie du don de soi. »

Accepter d'être parrain ou marraine, c'est vouloir construire une relation privilégiée avec son filleul, c'est accompagner sa croissance humaine et spirituelle.

Dans la fidélité

Une conviction peut éclairer la réponse à ces questions : le temps passé ensemble compte beaucoup. Pour que cette relation ne reste pas sur le papier, il y a quelque chose à tisser au fil des jours et des années. N'attendons pas de cette relation qu'elle soit automatiquement chargée de sens. À la différence des relations familiales fortes, parentales, filiales, etc., entre dans ce lien de parrainage une dimension de gratuité et de liberté mais aussi de volonté. Il sera ce que chacun voudra en faire et cela demandera certainement des efforts de part et d'autre. Dans cette belle aventure, la qualité essentielle est incontestablement la fidélité.

Au fil des années, de l'avancement en âge de votre filleul mais aussi de votre propre chemin de vie, votre histoire évoluera. Il y aura le temps des dessins qui vous attendront à chacune de vos visites chez votre filleul. Puis peut-être, le temps d'un séjour au ski passé ensemble, des échanges de mails ou de SMS, avec la certitude pour votre filleul de savoir qu'il peut vous appeler quand il veut. Le temps des confidences aussi, à travers les premiers secrets, peut-être les premiers chagrins. Et le temps des grandes joies – l'annonce d'un mariage, d'une naissance...

Mais ne soyons pas naïfs, il y aura aussi les souffrances, les petites amertumes – « Le chèque que je lui ai envoyé pour son anniversaire a été encaissé aussitôt, mais pas un remerciement ! » –, les rendez-vous manqués ou, pire, les relations manquées.

Témoignage : Hélène
« Joie, responsabilité, déconvenue ! »

« Joie : dans l'attente du bébé, on se projette dans l'avenir ; on rêve de complicité : activités à faire ensemble, partage d'idées...
Responsabilité : éveil à la foi, enrichissement mutuel...
Déconvenue : dans l'attente d'une fille, arrive un garçon. On espérait un beau bébé tout rond et on se trouve en présence d'un bébé tout long. On est un peu dérouté devant ce long paquet dans sa robe de baptême. On assume !
3 ans : la communication est déjà bien établie, bien que souvent perturbée par le frère aîné, un "grand" de 4 ans ! Enfin, voici

un gentil filleul très réfléchi mais parfois déstabilisé par son frère qui monopolise l'attention de tous. Sachant qu'elle est la seule dans l'entourage à être attentive à l'éveil religieux de son filleul, la marraine choisit avec soin de jolis livres sur la vie de Jésus, puis, plus tard, des BD sur quelques vies de saints susceptibles de marquer un enfant de cet âge. Mais tous ses efforts sont anéantis par la présence constante et appréciée de BD pleines de violence et d'épouvante.
8 ans : première communion. La marraine délaisse le rayon livres pour celui des CD et découvre ravie des chants religieux pour enfants joliment orchestrés et pleins d'entrain. "Des CD !", s'exclame le frère ; il s'en empare et se rue sur le lecteur de disques. Il ne s'attendait pas à ça... Il espérait des disques de chanteurs en vogue. Il impose à son frère sa manière de penser et passe tout l'après-midi "ses" musiques de "sauvages". Comment briser ce cercle infernal sans que le filleul soit un peu plus déprécié aux yeux de son frère et de l'entourage immédiat ? La question reste entière !
15 ans : l'influence du frère n'a pas faibli et se traduit par un accoutrement du filleul tout en franges, cheveux longs et chaussures rouges. Décidément, le courant ne passe pas ! Où est la complicité espérée ? Qui se cache derrière cette façade ? Certitude de la marraine : "Mon filleul va gâcher sa vie." Reste à la marraine la prière pour que l'adolescent ait un sursaut de lucidité.
17 ans : revirement ! Alors que tout paraissait perdu, le filleul prend de la distance avec son frère... et quelle distance ! Il s'engage dans la marine pour trois ans (il fait le tour du monde) et durant ce temps, avec la compréhension du commandant de bord qui lui aménage ses horaires, il reprend sa scolarité par correspondance depuis la troisième. Il passe finalement son bac, quitte l'armée, entre à la faculté, tout en travaillant comme "pion". Il devient avocat et se marie. C'est là que resurgit la marraine avec ses bons principes : en guise de compliments, elle assène aux deux époux : "J'espère que ce sera pour plus de trois ans." Ceci dit, tout de même, avec le sourire.
15 années ont passé : apparemment, le filleul est un bon époux, un bon père de famille de trois enfants, un bon professionnel. La marraine jubile, bien qu'elle soit consciente de ne pas avoir une grande part dans cette réussite. Elle pense que son recours à la prière n'a pas été vain, et elle persiste dans cette voie en y ajoutant l'épouse et les trois enfants. »

Peut-être le témoignage d'Hélène, qui sait tourner ses déconvenues avec humour, annonce-t-il quelques-unes de vos propres déceptions à venir. Sans doute lui auriez-vous conseillé, avec bon sens, de moins s'accrocher à la vie « spirituelle » de son filleul et plus à sa vie tout court : parler avec lui de ses goûts, à défaut de les partager, de ses copains, de ce qu'il aime faire voire surtout de ce qu'il n'aime pas faire. On peut néanmoins reconnaître à cette marraine le mérite de ne pas avoir « lâché ». Gardez, pour les jours où votre lien avec votre filleul vous semblera peut-être quelque peu fragilisé, l'exemple de sa ténacité : ce lien invisible mais finalement robuste est bien celui de la prière, et de cela, nul parrain ou marraine déçu ou au contraire conforté ne peut s'en dispenser.

Le meilleur des cadeaux !

Il y a bien des cadeaux que le parrain ou la marraine va pouvoir offrir à son filleul au fil de la vie. Certains symboliques, d'autres matériels, d'autres sans prix...

D'abord, le cadeau du jour de baptême : médaille (avec la date du baptême), croix, gourmette sur laquelle le prénom est gravé... Il s'agit de marquer l'événement par un symbole fort et personnalisé. Même si ce n'est pas forcément de l'argenterie raffinée (timbale, cuillère...), le cadeau choisi est généralement quelque chose qui restera. Ce jour-là, on offre rarement un vêtement à son filleul !

Par la suite, année après année, le parrain et la marraine ne manqueront pas d'être fidèles à l'anniversaire de leur filleul mais ils pourront aussi se manifester lors de la fête de son saint patron et même, pourquoi pas, le jour anniversaire de son baptême.

Bien sûr, le cadeau de première communion sera spécialement choisi. Le parrain et la marraine s'attachent alors à trouver le cadeau « qui fera vraiment plaisir », se sentant autrement mobilisés que lorsqu'il s'agit d'un neveu « ordinaire » ou de l'enfant d'amis. Le lien est différent, avec son caractère unique, et le cadeau est justement l'occasion de l'exprimer, en évoluant au rythme des années qui passent. Cela

Prendre du temps avec son filleul, vivre un moment particulier avec lui peut être encore plus savoureux que l'achat d'un cadeau.

ne signifie pas que le présent doive automatiquement être « religieux », mais il vise à entretenir et développer une relation riche de signification profonde.

Une carte postale, un souvenir rapporté de voyage... tout peut être au service de cette relation privilégiée, et surtout les choses simples. Le fait de ne pas oublier la date de l'anniversaire ou de la fête compte d'ailleurs plus que le contenu du cadeau.

Allons plus loin. Prendre du temps avec son filleul, vivre un moment particulier avec lui peut être encore plus savoureux que l'achat d'un jouet ou d'un livre : aller voir un film ou un match de foot ensemble, organiser une visite dans un musée, une sortie ou un petit voyage... Laissons l'imagination du cœur prendre le pouvoir !

Au fil des années, ce qui s'imprime, c'est la qualité d'une présence, la construction d'une relation de confiance, la certitude qu'on est aimé non parce qu'on le mérite mais de manière gratuite et inconditionnelle. N'est-ce pas là le meilleur terreau pour que la relation avec Dieu prenne sens et s'enracine en profondeur ? Il y a comme une « complicité dans la foi » qui apparaît et se développe.

Il reste que le meilleur des cadeaux — qui n'exclut pas les autres ! — est celui de la prière. Nos filleuls devraient toujours être au cœur de notre prière.

Aux grands moments de la vie

Le baptême aura bien lieu !

On a longuement présenté le rôle des parrains et marraines au moment du baptême. Mais peut-être ont-ils aussi un rôle à jouer quand, précisément, ce moment est sans cesse ajourné ! Nous l'avons dit, certaines familles « oublient » le baptême de leur nouveau-né, par « négligence » ou au contraire parce qu'elles attendent de trouver la date qui conviendrait à tous, tant et si bien que ce baptême finit par ne jamais avoir lieu ! De telles situations peuvent se produire alors que le parrain et la marraine ont été choisis. Dans ce cas, n'est-ce pas l'occasion pour eux de prendre le relais des parents en leur rappelant, avec délicatesse, que le baptême n'est pas une chose qui s'oublie !

Témoignage : Lucie
« Son baptême ouvre le chemin à toute la famille »

« J'avais été choisie comme marraine du petit Vincent à sa naissance. Le temps passa et son baptême fut "oublié". C'est moi qui ai insisté pour que ce baptême se fasse enfin ! Il eut lieu l'année de ses 3 ans. Ce fut une célébration magnifique. Vincent est un petit garçon handicapé, et la force de ce moment n'en a été que plus vive. Ses deux grands frères ont pris le train en marche et ont été marqués du signe de la croix : leur baptême aura lieu au cours des années de catéchisme. Le plus petit, qui est aussi le plus faible du fait de son handicap, ouvre le chemin à toute la famille... »

Éveil à la foi, première communion, confirmation

Les parrains et marraines des tout-petits ont un rôle essentiel à jouer lorsque leur filleul atteint l'âge de l'éveil à la foi et a fortiori du catéchisme. En soutien auprès des parents, ils sont parfaitement à leur place quand ils se préoccupent de l'inscription au catéchisme et de la préparation à la première communion. En aucun cas, il ne s'agit de donner une leçon aux parents, de faire des reproches si cette inscription a été omise ou retardée. Il s'agit au contraire de jouer un rôle actif, utile, qui cherche à aider, de jouer un rôle de relais en accompagnant, quand cela est possible, son filleul au catéchisme le mercredi matin ou en gardant les frères et sœurs plus jeunes pour permettre au papa ou à la maman de participer à une rencontre d'éveil à la foi ou de catéchisme...

Il en va de même pour la confirmation. Il est bien dans la mission des parrains et marraines de rafraîchir la mémoire de leur filleul pour qu'il se prépare à ce sacrement très lié au baptême. C'est précisément un moment où le rôle du parrain et de la marraine peut prendre tout son relief et son sens.

La confirmation, un moment où le rôle de la marraine ou du parrain peut prendre tout son relief et son sens.

Faut-il que le parrain et la marraine de confirmation soient les mêmes que pour le baptême ?

Cette question doit être laissée ouverte. Ne cherchons pas à mettre sur un piédestal le parrain de baptême, en lui confiant un rôle exorbitant. Rappelons-nous que le parrain est la personne qui donne à voir la fonction parrainante de la communauté ecclésiale. Autant nous avons souligné la beauté de cette mission, autant il ne faudrait pas en majorer la portée, au point d'isoler le couple parrain-filleul au sein de la communauté chrétienne. Des aspects sentimentaux peuvent se mêler et fausser les choses. La communauté dans laquelle évolue l'adolescent ou l'adulte qui va être confirmé n'est pas forcément la même que celle de son baptême. Les années ont passé, d'autres liens ecclésiaux se sont noués. Laissons du jeu dans ce choix du parrain. Et puis, si le parrain de baptême n'a pas assuré son rôle, mieux vaut choisir quelqu'un d'autre. Autant la continuité peut avoir du sens, autant il ne faut pas rendre trop absolu ce lien en cherchant à raviver à tout prix une relation de parrainage qui n'a jamais existé et ne représente rien du côté du parrain.

Après l'initiation chrétienne, d'autres étapes dans la vie et la foi se profilent.

Au moment des grands choix

Après l'initiation chrétienne, d'autres étapes dans la vie et la foi se profilent. Certains filleuls sont présents et acteurs dans la célébration du mariage de leur parrain ou marraine... Et quelques années plus tard, les parrain et marraine trouveront naturel de s'investir avec la discrétion qui convient dans le mariage de leur filleul. Il n'y a pas de règle en la matière, mais des résonances qui peuvent avoir une belle signification, ne serait-ce que dans l'attention portée au choix du cadeau de mariage. Osons déployer toutes les harmoniques du parrainage !

Témoignage : Pierre-Yves
« Je me suis tourné vers ma marraine comme on se tourne vers la lumière »

« Quand le moment de décider d'entrer au séminaire est arrivé, c'est dans un échange avec ma marraine que quelque chose s'est débloqué. Je n'oublierai jamais cette balade d'une heure avec elle. Nous étions en plein été, mais j'étais vraiment dans le brouillard. Des sentiments contradictoires se bousculaient en moi. D'un côté, un désir fort et une quasi-certitude ; de l'autre, la peur de blesser mes parents, de leur porter un coup trop dur. Je flottais. J'hésitais. Ma marraine a pris le temps de m'écouter. Elle a trouvé les mots justes pour que je laisse sortir ce trop-plein d'idées et de sentiments embrouillés. Peut-être même a-t-elle deviné ou lu sur mon visage anxieux le débat intérieur dans lequel j'étais pris. En tout cas, les images qu'elle a brossées rapidement devant moi ont été une ouverture lumineuse sur ma route. S'est-elle rendu compte de ce qui se passait ? Et du rôle de passeur qu'elle a eu pour moi ? Je crois que oui, mais en toute discrétion elle ne m'en a presque jamais reparlé. Je n'ai peut-être pas su lui dire merci, mais quand j'ai eu d'autres choix à faire, c'est vers elle que je me suis tourné comme on se tourne vers la lumière.
De même qu'elle m'a tenu dans ses bras le jour de mon baptême, elle m'a tenu la main dans un passage délicat. »

Dans les temps d'épreuve

Il y a aussi les moments douloureux de la vie, le temps des épreuves. Parrain et marraine peuvent apporter à leur filleul un soutien, si par malheur celui-ci vit la perte d'un parent, d'un conjoint, d'un ami…, lui offrir une aide humaine et spirituelle. Plus que jamais, le sens de leur mission se révèle dans ces moments. Lorsque parrain et marraine avanceront en âge et verront s'en aller des êtres chers, le filleul pourra les réconforter par sa présence et son attention. Il y a alors comme un renversement qui s'opère. Un peu comme pour les enfants vis-à-vis de leurs parents, les filleuls sont appelés à prendre soin de leurs parrain et marraine âgés, et à les accompagner au moment du grand passage.

Témoignage : Claire « Une mission dans la continuité de mon baptême »

« J'ai une gentille marraine. Elle m'a gâtée, petite fille, et continue encore… J'étais heureuse de passer des vacances chez elle à la campagne et ses deux fils étaient de formidables compagnons de jeux.
Sur le plan religieux, je n'ai pas beaucoup de souvenirs avec elle, si ce n'est sa présence à ma communion et d'être allée à la messe avec elle lors de mes séjours chez elle.
À la mort de ma mère (elles étaient amies d'enfance et s'écrivaient toutes les semaines depuis des décennies) et au décès de son mari, je me suis rapprochée d'elle. J'avais alors un peu plus de 40 ans et elle 75. Je suis devenue pour elle une présence, une sécurité, une confidente et aussi une aide matérielle. Elle est assez isolée car extrêmement sourde. J'ai un peu l'impression d'être devenue sa marraine. Nous parlons aussi de notre foi et de l'Église. Je vis comme cela une mission dans la continuité de mon baptême. »

Tout au long de la vie, la relation entre les parrains et leurs filleuls se déploie comme un lien qui déborde le cadre de la vie terrestre. Ils sont bien parrains et marraines « pour la vie éternelle » ! Comme toute relation ouverte sur le Royaume de Dieu, chacun est entraîné de manière étonnante et non complètement « programmable » sur les chemins de la conversion et de la grâce.

Communion des saints

Pourquoi la fête de la Toussaint ne serait-elle pas le bon moment pour valoriser davantage cette présence des parrains et marraines dans l'Église ? Les saints d'hier et d'aujourd'hui ne sont-ils pas d'une certaine manière nos parrains et marraines ? Leur présence et leur soutien dans notre pèlerinage de foi renvoie directement à un parrainage au sens large... sachant qu'il est toujours bon de se familiariser avec certains saints et saintes qui nous parlent davantage et nous aident dans notre cheminement de foi.

Table des matières

Crédits photographiques

Couverture : Ichou/AgenceImages ; p.6 : Photolibrary/AgenceImages ; p.8, 10, 13 : G. Dagli Orti, Paris ; p.17 : Crozet/Ciric ; p.19 : Deliss/Godong ; p.21 : Huron/Editing Server ; p.22 : Deloche/Godong ; p.24 : Docher/Ciric ; p.26 : Jung/Esprit-Photo ; p.31 : Pinoges/Ciric ; p.36 : Mercier/Ciric ; p.42 : Crozet/Ciric ; p.45 : Lissac/Godong ; p.49 : Gueyne/Esprit-Photo ; p.52 : Crozet/Ciric ; p.54 : Crozet/Ciric ; p.55 : Crozet/Ciric ; p.56 : Wysocki/Lumière du monde ; p.60 : Simon/Ciric ; p.63 : Deloche/Godong ; p.67 : Bouillot/Marco Polo ; p.69 : Pinoges/Ciric ; p.70 : Guyot/Ciric.

Achevé d'imprimer en mars 2007 par Bona en Italie.
Photogravure : Turquoise
N° d'édition : 07051
Dépôt légal : mars 2006